Pur Dzogchen

Tradition du Zhang-Zhung

Dédicace

Ce livre est offert
à tous mes bons
et sages enseignants,
pour les remercier
de m'avoir
inlassablement guidé.
Il est dédié au bien de mes
étudiants et à leur libération
ainsi qu'à tous les êtres
animés.

Pur Dzogchen

Tradition du Zhang-Zhung

Geshe Dangsong Namgyal

Traduction française par Jean-François Buliard

Namkha Publications
California, USA

PUR DZOGCHEN
UN LIVRE DES PUBLICATIONS NAMKHA

Tous droits réservés
Copyright © 2019 par Geshe Dangsong Namgyal

Publié par Namkha Publications
Richmond, CA 94804 USA

Tous droits réservés. Aucune partie de ce livre ne peut être reproduite ou transmise sous quelque forme ou par quelque moyen que ce soit, électronique ou mécanique, y compris la photocopie, l'enregistrement ou tout système de stockage et de récupération de l'information, sans l'autorisation écrite de l'éditeur.

© Dessins au trait d'art traditionnel créés par Norbu Lhundrub.
Numéro de contrôle de la Bibliothèque du Congrès : 2017918633
ISBN: 978-0-9996898-6-8

Sommaire

Introduction		11
No. 1	À la recherche de l'esprit	16
No. 2	Tout est esprit	18
No. 3	Deux processus au départ	20
No. 4	Reconnaître l'esprit naturel	22
No. 5	La pureté primordiale	24
No. 6	Les qualités spontanées de l'esprit naturel	26
No. 7	Qu'est-ce que la Grande Perfection *(Dzogchen)*?	28
No. 8	Les qualités de l'esprit naturel	30
No. 9	Réaliser notre qualité	32
No. 10	Qu'est-ce que le corps d'arc-en-ciel?	34
No. 11	« Sans espoir ni crainte » : tel est le fruit	36
No. 12	Les trois manifestations	38
No. 13	Comment naissent l'ignorance et le samsara	40
No. 14	Les trois Corps de l'éveil selon le Dzogchen	42
No. 15	Apparition et libération simultanées	44
No. 16	Trois manières de comprendre l'esprit naturel	46
No. 17	Reconnaître la mère, l'enfant et la manifestation	48
No. 18	Le karma et l'esprit naturel	50
No. 19	La purification dans le Dzogchen	52
No. 20	Présentation du Refuge secret	54
No. 21	Les deux bodhicittas dans le Dzogchen	56
No. 22	Les pensées passent comme les nuages	58

No. 23	Trois étapes : repos, destruction et maintien	60
No. 24	La nature des pensées	62
No. 25	Qu'est-ce que l'ego et l'attachement à l'ego ?	64
No. 26	Les premières expériences	66
No. 27	Les signes de réussite	68
No. 28	Le repos dans l'esprit naturel	70
No. 29	La contemplation	72
No. 30	Comment contempler ?	74
No. 31	Les trois stades de la réalisation	76
No. 32	Résoudre la torpeur	78
No. 33	Résoudre l'agitation	80
No. 34	L'auto-libération dans la vue de l'esprit naturel	82
No. 35	La sagesse auto-connaissante	84
No. 36	Se passer des mots, s'engager dans le sens	86
No. 37	Avancer sur la voie	88
No. 38	Utiliser les différents types de conduite	90
No. 39	La non-méditation sans distraction	92
No. 40	L'impartialité : la vue selon le Dzogchen	94
No. 41	Une connaissance unique qui libère tout	96
No. 42	Cinq instructions qui pointent l'esprit naturel	98
No. 43	Les engagements dans le Dzogchen	100
No. 44	Distinguer l'esprit ordinaire de la Conscience éveillée	102
No. 45	La sagesse née d'elle-même	104

No. 46	L'émergence de la sagesse intérieure	106
No. 47	Threkchö : « Couper à travers »	108
No. 48	Thögal : le « Saut direct »	110
No. 49	La vue de l'absence de saisie sujet-objet	112
No. 50	La non-action et l'absence de trace	115
No. 51	La quiétude et la vision pénétrante dans le Dzogchen	116
No. 52	Trois activités sur la voie du Dzogchen	118
No. 53	Les remèdes à la discursivité naissante	120
No. 54	Les expériences exceptionnelles et la réalisation	122
No. 55	Essence, nature et compassion	124
No. 56	Les deux vérités inséparables dans le Dzogchen	126
No. 57	La manifestation des apparences de la Base	128
No. 58	La nature ultime n'est révélée que par le Dzogchen	130
No. 59	La méthode énergique pour reconnaître la luminosité	132
No. 60	La souillure du doute	134
No. 61	Les phénomènes sont d'excellents enseignants	136
Remerciements		139
À propos de l'auteur		141

Introduction

J'aimerais partager avec vous l'histoire de mon entrée dans la voie du pur Dzogchen. Lorsque j'étais jeune, j'ai rencontré de grands maîtres Dzogchen : Togden Sherab Phuntsog, Khenpo Nyima Lodrö et Lopön Tsultrim Namdak et j'ai reçu des enseignements Dzogchen au Tibet. J'ai accompli les neuf cent mille accumulations de la pratique du Ngöndro et plus particulièrement le Kalung Gyatso (préliminaires extensifs de trois ans).

De nombreux maîtres Dzogchen ont dit que pour atteindre la réalisation parfaite du Dzogchen, il serait bon aussi de connaître d'autres Véhicules. J'ai suivi ce conseil en commençant par le monastère de Lungkar au Tibet, où j'ai étudié la philosophie des soutras, la logique et la psychologie bouddhiste. La plus grande partie de ma formation complémentaire a eu lieu après mon arrivée en Inde, étudiant pendant quelques années au monastère de Menri, puis à l'université monastique de Sera Je avec le grand maître Choden Rinpoché et les précédents abbés Lobsang Tsering et Lobsang Delek. À Sera Je, environ trois mille moines se réunissaient pour débattre tous les soirs et parfois aussi le matin. À ces moments-là, nous récitions le Soutra du cœur et la prière à Tara pendant de longues sessions. J'ai essayé de pratiquer la méditation Dzogchen pendant ces sessions de prière. Au début, c'était difficile, mais c'est devenu de plus en plus facile. En général, lorsque je me sentais triste, nostalgique, en colère et malheureux, j'utilisais la méditation Dzogchen, qui m'aidait énormément.

Au bout de nombreuses années, lorsque je suis revenu à ma lignée d'origine via le monastère de Triten Norbutse à Katmandou, au Népal, beaucoup de mes amis ont pensé que je n'étais plus intéressé par le Dzogchen, parce que j'avais étudié tant d'années au monastère de Sera, où l'on ne pratique pas le Dzogchen. Mes amis supposaient que j'avais adopté la vision graduelle des Gelugpas. En fait, personne ne peut vraiment évaluer la pratique et la vue d'un autre, car il s'agit en fin de compte d'un sujet intérieur et « secret », et il n'y avait donc aucune raison d'essayer d'expliquer mon expérience intérieure. J'ai étudié le Dzogchen et les tantras avec Lopön Tenzin Namdak Rinpoche au Népal. J'ai étudié en profondeur les soutras et les tantras dans les traditions Bön et Gelug. Au final, j'ai réalisé que j'étais plus intéressé par le pur Dzogchen. C'est pourquoi, lorsque j'enseigne le Dzogchen, je ne le mélange pas avec les soutras et les tantras.

Ce livre est donc une compilation des enseignements du pur Dzogchen que j'ai offerts récemment à mes étudiants et au grand public en Californie du Nord. Il contient des citations tirées de la Transmission Orale de Zhang-Zhung.

Cet enseignement peut directement transmettre une expérience de la nature de l'esprit dès le début. On pense souvent que le chemin de la libération est très long, peut-être sur de nombreuses vies. Dans l'approche du pur Dzogchen, étant donné que la nature de l'esprit est communiquée directement par la lignée et l'enseignant, le processus peut être beaucoup plus rapide. Dans les enseignements des soutras, on dit que la voie prend trois immensurables éons pour s'accomplir ; dans les tantras, la voie peut être plus rapide, mais elle impliquera toujours de grands efforts et des complexités.

Comme la nature de l'esprit est révélée directement dans cette approche du pur Dzogchen, sa pleine réalisation peut se produire très rapidement. Comme la nature de l'esprit est directement accessible dans le Dzogchen, le processus de purification se produit grâce à l'éveil résultant de cette révélation. Les afflictions mentales perdent leur emprise sur l'esprit à mesure que la nature profonde se clarifie. Ainsi, quels que soient le pays d'origine, le sexe, l'âge, la race, les croyances ou l'histoire des expériences et des émotions douloureuses, la voie du pur Dzogchen peut rapidement conduire à la reconnaissance transcendante de la nature de l'esprit avec beaucoup moins d'efforts que les approches traditionnelles des soutras et des tantras. Ceci parce que le pouvoir de cette reconnaissance sape directement la base des afflictions mentales, c'est-à-dire l'esprit dualiste ordinaire.

De ce point de vue, la méditation sur la nature de l'esprit est le moyen le plus puissant pour purifier l'esprit des schémas karmiques négatifs, même s'ils ont duré des éons. Comme la voie du pur Dzogchen consiste à faire l'expérience directe de la nature de l'esprit, il n'est pas nécessaire d'étudier les soutras et les textes bouddhistes. En fait, si l'on aborde cette voie d'un point de vue laïque, agnostique ou athée, l'étude des textes n'a pas d'importance. La nature de l'esprit est au-delà de toute croyance et de toute philosophie ; sa réalité devient directement évidente. La vue du pur Dzogchen, en tant que méthodologie, peut être expliquée philosophiquement, avec la logique et le raisonnement, même si son but ultime se situe au-delà de la logique et de la raison.

Dans les enseignements du pur Dzogchen, comme le Dharmakaya est depuis toujours déjà présent en tant que strate de conscience la plus subtile, sa reconnaissance par cet enseignement et cette pratique donne simultanément naissance à la base, à la voie et au fruit. Cela signifie que le processus du pur Dzogchen est la « voie » de la reconnaissance de la nature ultime de l'esprit mais aussi la « base » elle-même et il génère une clarté toujours plus grande de cette reconnaissance, en tant que « fruit ». Comme le pur Dzogchen considère la nature de l'esprit comme une qualité inhérente plutôt que comme une « graine » à cultiver au fil du temps, il n'est pas vraiment compatible avec d'autres approches. Le fruit ultime de la pratique du pur Dzogchen est l'obtention du corps d'arc-en-ciel, une manifestation de la réalisation profonde propre à la voie du Dzogchen.

Je crois qu'en introduisant directement la primordiale nature de bouddha à travers les enseignements du pur Dzogchen, ceux qui reçoivent ces enseignements peuvent entrer dans cette reconnaissance et découvrir la paix véritable, la force et l'absence de peur dans la vie, ainsi que la confiance dans une éventuelle expérience positive de la mort, du Bardo et de la renaissance. —Geshe Dangsong Namgyal

No. 1

L'esprit naturel
est comme un joyau.
Si vous cherchez l'esprit,
vous ne pouvez pas le trouver.
Même si vous ne le cherchez pas,
Il n'est jamais perdu et vous n'en êtes
jamais séparé.

À la recherche de l'esprit

Il est très important de reconnaître notre esprit, car c'est par notre esprit que nous allons au-delà de l'esprit. Bien sûr, nous savons tous que nous avons un esprit, car nous pensons tout le temps. Qu'est-ce que l'esprit ? Les scientifiques affirment que l'esprit se trouve dans les cellules du cerveau, mais l'expérience nous montre que notre esprit et nos pensées ne sont pas des cellules. Si nous cherchons l'esprit, ce n'est pas si facile. Il existe des histoires d'étudiants qui ont cherché leur esprit dans les montagnes ou au bord de la mer, dans des pierres ou des arbres. Ces histoires montrent que, pour trouver notre esprit, nous devons regarder à l'intérieur de nous-mêmes et non à l'extérieur. Nous avons un esprit conventionnel qui s'engage dans des pensées en lien avec le passé, le présent et le futur. Toutes les activités sont menées par cet esprit mais nous ne connaissons pas son état véritable. Nous devons d'abord reconnaître notre esprit conventionnel. Après cela, nous recherchons notre esprit naturel qui se situe au-delà des conceptualisations de notre esprit conventionnel, au-delà des mots.

No. 2

Une personne,
craignant la naissance et la mort,
entame une délicieuse retraite
dans un ermitage.
Cette personne reconnaît
la base de tout et acquiert ainsi une
profonde certitude dans sa propre
Conscience innée.

Tout est esprit

Quelle est la condition de notre esprit ? L'esprit est la source de tout. Toutes les choses positives et négatives que nous vivons dépendent de l'esprit. Lorsque nous utilisons notre esprit avec habileté, nous pouvons gagner un certain contrôle. Par exemple, le pratiquant qui se lève le matin et se motive en disant : « Aujourd'hui, je veux avoir une compassion positive et paisible », remarquera que sa journée se déroule ainsi. À la mi-journée, il réfléchit à nouveau à sa motivation. Une pensée plus positive dans l'après-midi permet de rester motivé jusqu'au soir. Puis, en réfléchissant aux choses positives qui se sont produites ce jour-là, il se dit : « Demain, je me souviendrai à nouveau de cette motivation ». L'esprit est comme un roi qui gouverne les actions du corps et de la parole, comme s'il s'agissait de ses serviteurs.

La méditation sur l'esprit naturel est sans objet. Nous n'essayons pas de visualiser quoi que ce soit ou de nous concentrer sur un objet choisi. Nous nous asseyons le dos droit, nous détendons notre corps et notre esprit et nous ne nous préoccupons pas des pensées qui viennent. Nous les laissons faire. Les pensées sont l'esprit et nous avons de nombreux esprits comme nous avons de nombreuses pensées. Nous ne faisons aucun effort et nous n'essayons pas d'arrêter les pensées. L'esprit naturel est reconnu lorsque nous nous détendons et que nous n'essayons pas de faire en sorte que quelque chose se produise. Ce n'est pas grave si nous pouvons faire cela seulement pendant cinq minutes ou même une minute ! Revenons simplement à la méditation si nous constatons que notre esprit s'est égaré. Il est préférable d'arrêter la méditation pendant que nous vivons une bonne expérience et d'y revenir plus tard.

No. 3

Les qualités positives
de l'esprit naturel
sont inconcevables,
comme la révélation
d'un trésor royal.
Celui qui s'appuie
sur sa véritable
signification jouit
de la richesse inépuisable
de ses fruits.

Deux processus au départ

La quiétude signifie être capable de laisser notre esprit au repos sans distraction tout en nous concentrant sur un objet imaginé jusqu'à ce que nous puissions l'appréhender comme une image claire, lumineuse et lourde dans notre esprit. Imaginons l'objet d'environ un pouce de haut, devant nous, à une longueur de bras. Continuons à nous entraîner et nous acquerrons une certaine expérience. Nous en obtiendrons des bienfaits, même aux premiers stades de la pratique. Nous faisons cela comme préliminaire à notre pratique principale de la méditation. Nous pouvons essayer de réduire les obstacles que constituent la torpeur et l'agitation.

La méditation sur l'esprit naturel est notre principale pratique de méditation. Pour commencer, nous faisons cette analyse : « Où se trouve mon esprit ? Peut-on vraiment le trouver quelque part dans le corps ? » Observons les pensées au fur et à mesure qu'elles se présentent : « D'où viennent-elles ? Où vont-elles ? » Nous avons des concepts, des idées fausses et des pensées qui vont et viennent dans notre esprit. Observons les pensées qui viennent et voyons-les sans les juger, puis regardons-les disparaître.

La méditation sur l'esprit naturel résout les problèmes de somnolence ou d'agitation dans l'esprit lorsque nous identifions simplement comment ces obstacles arrivent et disparaissent.

No. 4

L'esprit et tous
les états mentaux
se dissolvent dans l'espace
de la nature de l'esprit.
Toutes les activités
se dissolvent
dans l'espace de quiétude.
Toutes les formes de discours se
dissolvent dans l'espace de silence.
Tous les nuages des pensées et
souvenirs se dissolvent dans l'espace
libre de toute pensée.

Reconnaître l'esprit naturel

Normalement, nous ne prêtons pas du tout attention à l'esprit et nous ne comprenons pas ce qui se passe. Maintenant que nous commençons à remarquer comment les pensées vont et viennent, nous voyons que l'esprit est constamment occupé. La méditation réduit progressivement cette agitation. Mais comment savoir si nous avons reconnu l'esprit naturel ? Il existe des analogies avec les signes que nous pouvons remarquer lorsque notre méditation s'améliore et que nous commençons à contrôler l'esprit. Il est :

– Comme une abeille qui ne s'éloigne jamais de la fleur.

– Comme un poisson qui reste dans l'eau.

– Calme comme un océan sans vent.

– Stable comme une montagne.

Ces exemples illustrent le fait que l'esprit heureux qui médite se détend et n'a pas besoin de suivre une multitude de pensées. Le méditant constate qu'il suffit d'apprécier l'expérience de l'esprit naturel et qu'il n'a pas besoin de s'engager dans de nombreuses pensées différentes qui vont ça et là.

No. 5

Le premier bouddha
est la pureté primordiale,
née d'elle-même...
En essence,
l'esprit naturel.
Tout est inclus
dans l'esprit naturel,
sans séparation.

La pureté primordiale

Il est dit que le samsara et le nirvana proviennent tous deux de la pureté primordiale de l'esprit naturel. Que pouvons-nous comprendre de cela ? Si nous considérons que le « samsara » est comme la vie que nous avons, où nous connaissons continuellement des hauts et des bas, et que nous l'opposons à la paix et au bonheur durables du « nirvana », nous pouvons nous demander comment ils peuvent provenir de la même source... Nous avons tous un bon et un mauvais karma. Les choses vont bien pour nous, puis quelque chose se produit et nous nous sentons malheureux. La paix ininterrompue du nirvana, libre de tout karma incontrôlé, se situe à l'opposé. Alors comment peut-on dire qu'il s'agit de la même chose ?

Mais nous pouvons constater que le samsara et le nirvana sont tous deux des états d'esprit. Le bonheur, la souffrance et la paix sont basés sur l'esprit. Tout est inclus dans l'esprit naturel. Nous avons toujours l'esprit naturel primordialement pur. Tout ce que nous vivons en est l'expression. Sachant cela, nous pouvons contrôler notre esprit.

No. 6

L'esprit naturel
est né de lui-même
et forme les trois Corps
d'un bouddha.
La sphère unique
est spontanéité.
Quelle chose
merveilleuse !

Les qualités spontanées de l'esprit naturel

L'esprit naturel possède une qualité spontanée. Dans le Dzogchen, « spontané » signifie une potentialité non obstruée.

L'esprit naturel possède les Corps de l'éveil, la sagesse, la voie et le fruit spontanés. Quiconque atteint une bonne réalisation est libéré des cinq facteurs afflictifs. Les cinq facteurs afflictifs sont l'aversion, l'attachement, l'ignorance, l'orgueil et la jalousie.

Les six perfections non-obstruées que sont la générosité, la patience, la discipline intérieure, la diligence, la concentration et la connaissance discriminante, se manifestent. Par exemple, l'esprit naturel est libre de toute avarice. Il est le potentiel non-obstrué de la générosité. L'esprit naturel transcende les vœux et promesses des samayas, il est le potentiel non-obstrué de la discipline intérieure.

Les cinq facteurs afflictifs sont libérés parce que l'esprit naturel est le potentiel non-obstrué des cinq sagesses.

Selon les écoles inférieures du Bouddhisme, il existe huit niveaux différents de vue, de conduite, de résultat et de qualités, qui apparaissent aussi spontanément dans l'esprit naturel.

No. 7

Tout ce qui
apparaît et existe,
le samsara et le nirvana,
tout est inclus
dans la bodhicitta ultime.
Dans ce but :
la Grande Perfection.

Qu'est-ce que la Grande Perfection (Dzogchen) ?

Trois choses – la base, la voie et le fruit – sont incluses dans la nature de la Conscience éveillée de manière parfaitement accomplie. Selon le Dzogchen, les pratiquants atteignent ou non la Grande Perfection (Dzogchen). En effet, quatre cas de figure sont possibles:

1) Celui qui possède la réalisation sans pour autant comprendre l'enseignement : c'est formidable, mais ce n'est pas la perfection.

2) Celui qui a compris l'enseignement sans que la réalisation apparaisse : c'est la perfection, mais elle ne peut être qualifiée de

« grande ».

3) Celui qui dont la réalisation apparaît avec la compréhension : c'est réellement la « grande perfection ».

4) celui qui n'a ni atteint la réalisation ni compris le Dzogchen : ce n'est ni grand ni parfait.

Tous les êtres animés possèdent la sagesse née d'elle-même. Par conséquent, quelqu'un pourrait éventuellement voir la réalisation apparaître avant de recevoir l'enseignement du Dzogchen. Une telle réalisation est grande, mais pas parfaite. Quelqu'un pourrait recevoir l'enseignement, mais ne pas voir la réalisation apparaître parce qu'il n'a pas assez pratiqué.

Que signifie la perfection ? Toutes les terminologies conceptuelles se retrouvent en essence dans une seule signification. En effet, les qualités de tous les Véhicules incluent les qualités de l'état naturel, toutes les constructions mentales s'apaisent dans la Base fondamentale et tous les mots s'apaisent dans la Base fondamentale qui transcende les mots.

Pourquoi cette perfection est-elle qualifiée de « grande » ? Parce qu'elle est libre de toute limite, de toute entrave. Elle n'est égalée par aucune autre qualité. Elle est sans pareille ; c'est pourquoi les enseignements du Dzogchen sont aussi qualifiés de « grands ».

No. 8

Vous cherchez
le sens très subtil.
Si vous le cherchez,
vous ne le verrez pas.
Ne pas voir
est la meilleure
façon de voir.

Les qualités de l'esprit naturel

Quatre qualités inconcevables :

> – Il transcende la vue
> – Il transcende la méditation
> – Il transcende l'action
> – Il transcende le résultat.

L'esprit naturel se situe au-delà de l'esprit ordinaire, comme l'espace dans une nuit sans lune et sans nuages. On ne peut concevoir à quel point il est vaste. Il est sans fin, sans mesure. Nous pouvons à peine imaginer sa profondeur. Qui n'a pas été un jour impressionné par l'inconcevable étendue de l'espace ?

L'expérience du pratiquant supérieur est semblable à celle-ci. Le méditant transcende l'esprit ordinaire et fait l'expérience de l'inconcevable immensité de l'esprit naturel.

Au bout du compte, il décide : « C'est ainsi ». C'est la finale vérité ultime. C'est l'ultime : ineffable, inconcevable et indescriptible.

No. 9

Parce que
la porte du trésor
de l'esprit est ouverte,
Tout ce dont vous
avez besoin
est complet en vous.

Réaliser notre qualité

Nous nous disons maintenant : « Je veux méditer ». Quelles sont nos aspirations ? Nous avons tous une bonne et importante qualité, l'esprit naturel, mais nous ne la reconnaissons pas. Si nous ne la connaissons pas, elle ne peut pas nous aider. Actuellement, nous suivons toujours les pensées qui surgissent dans notre esprit. Cela conduit au mécontentement et à la négativité dont nous faisons l'expérience. Il se peut que nous souhaitions quelque chose de mieux. En général, nous ne pensons pas avoir les mêmes qualités que les êtres saints. Nous nous décourageons facilement et nous ne faisons pas d'efforts pour atteindre un niveau de méditation plus élevé. Pourquoi nous décourageons-nous ? Parce que nous ne savons pas que nous possédons déjà cette qualité. Il peut sembler que la bonne qualité de la nature de bouddha ou de la sainteté soit très éloignée. C'est parce que nous ne savons pas que nous possédons déjà cette qualité. Nous voulons atteindre la réalisation de notre qualité mais nous avons déjà l'esprit naturel. Nous devons le croire, le réaliser et nous en souvenir à tout moment.

Nous pouvons en faire l'expérience par la méditation. Lorsque nous reconnaissons notre esprit naturel, nous comprenons la qualité que nous possédons déjà et nous ne voulons jamais en être séparés. Notre esprit devient très riche. Nous sommes encouragés et nous gagnons de l'énergie, de la force et un esprit puissant.

No. 10

Quand les pratiquants s'éveillent, les agrégats souillés ne reviennent plus jamais. Ils ont réalisé la grande transformation en corps arc-en-ciel. Ils œuvrent alors pour le bien des êtres animés, à l'image du reflet de la lune dans l'eau.

Qu'est-ce que le corps d'arc-en-ciel ?

De nombreux pratiquants du Dzogchen ont atteint le corps d'arc-en-ciel. Pour certains d'entre eux, le corps se dissout dans l'espace avec des arcs-en-ciel et des lumières. Pour d'autres, le corps diminue en quelques jours et ils sont environnés de lumière. Finalement, il ne reste plus que les cheveux et les ongles, et le corps disparaît comme le sel se dissout dans l'eau. Pour d'autres, après la mort, un arc-en-ciel apparaît dans le ciel ainsi que de la lumière ou des nuages particuliers. Le corps est toujours là mais il est beaucoup plus petit.

Pourquoi certains pratiquants du Dzogchen réalisent-ils le corps d'arc-en-ciel ? Trois types de phénomènes disparaissent dans la Conscience innée : extérieurs, intérieurs et secrets.

Les phénomènes extérieurs sont les consciences les plus grossières associées aux sens ainsi que les illusions de la conscience mentale. Les phénomènes intérieurs sont les pensées et les concepts les plus subtils. Les phénomènes secrets sont les manifestations de la luminosité. Ces trois types de phénomènes s'évanouissent dans la Conscience innée. À ce moment-là, la luminosité du corps, des formes, de la lumière et des mandalas se dissout dans la Conscience éveillée comme un nuage disparaît dans le ciel.

Le corps d'arc-en-ciel est un signe de la pratique et de l'expérience du pratiquant lorsque celui-ci a parachevé la totale Conscience primordiale. Il reste toujours dans cette Conscience éveillée. Ce niveau ultime est appelé « éveil ».

No. 11

Considérer les facteurs
afflictifs comme
des fautes est une saisie.
Les laisser simplement,
voilà la méthode.
Libérez-les
dans l'espace.

« Sans espoir ni crainte » : tel est le fruit

Si nous devions imaginer arriver dans un endroit doré, tout y serait doré. De la même façon, imaginons que nous atteignons une expérience supérieure de méditation sur l'esprit naturel. Toutes les apparences et tous les phénomènes sont inclus dans l'esprit naturel, ils n'en sont pas séparés. Après avoir atteint l'état de méditation le plus élevé, il n'est pas nécessaire d'espérer atteindre d'autres qualités. Nous n'avons besoin de rien de plus. Il n'y a pas de samsara, pas de monde extérieur, pas de souffrance et il n'y a donc pas lieu d'avoir peur. Il n'y a plus d'objet de crainte.

Le fruit est l'éveil d'un bouddha, et à ce moment-là, nous pouvons utiliser les trois Corps. Notre propre Conscience éveillée est le Dharmakaya, notre connexion corps-esprit est le Sambhogakaya et nos activités sont le Nirmanakaya. Ce sont des manifestations qui profitent à tous les êtres animés. Il n'y a ni espoir ni peur dans les états supérieurs.

No. 12

La lumière se manifeste
clairement dans le ciel.
Le son né de lui-même
émerge de la vacuité.
La forme est inséparable
de la vacuité
et de la Claire Lumière.
On appelle cela les objets
de la manifestation.

Les trois manifestations

Les trois manifestations – lumières colorées, sons et formes – ont pour source la sagesse de la Conscience éveillée. Les couleurs proviennent de la qualité de clarté de cette Conscience. Elles sont semblables à l'arc-en-ciel. Les sons proviennent de la Conscience-vacuité et ressemblent à l'écho. Les formes proviennent de la Conscience éveillée dans l'indissociabilité de la vacuité et de la clarté et ressemblent aux reflets.

La Conscience éveillée est la source des cinq couleurs - rouge, jaune, blanc, vert et bleu. Les cinq grandes sagesses proviennent des couleurs et ne sont, en réalité, pas séparées d'elles. Les cinq facteurs afflictifs des êtres animés apparaissent également à partir des cinq couleurs. Comme dans un miroir, tout peut apparaître. Les bonnes et les mauvaises choses apparaissent dans le miroir, mais le miroir lui-même n'est pas perturbé. Le positif et le négatif ne sont pas obstrués.

Lorsque le pratiquant supérieur analyse la mère, le fils et les apparences, les cinq grandes sagesses apparaissent. Tout devient positif. Tout ce qui apparaît est l'esprit naturel et se manifeste à partir de l'esprit naturel en tant que qualités positives, Terre pure ou mandala parce que la mère, le fils et les apparences sont inséparables.

No. 13

L'ignorance coémergente
est la source principale.
L'ignorance imputative
est la source contributive.
Les cinq facteurs afflictifs
en sont le fruit.
Telles sont les causes
de la ronde
du samsara.

Comment naissent l'ignorance et le samsara

Le lion voit son visage dans l'eau. Il pense qu'il y a un autre lion, mais ce n'est pas le cas. C'est ainsi que nous avons les trois apparences subtiles – la couleur, la forme et le son – qui sont des manifestations de l'esprit naturel.

Au début, nous n'avons que la pureté primordiale. Puis, voilà l'ignorance coémergente. Tout comme le lion pense qu'il y a un autre lion dans l'eau, nous voyons les trois apparences. L'ignorance coémergente amène la conceptualisation qui saisit la forme, l'odeur, le goût, les sons et le toucher, ainsi que les cinq objets de ces sens. En même temps, l'ignorance imputative apparaît et saisit un « je » et un « tu ». L'ignorance imputative est comme un vent fort qui fait bouger les nuages rapidement. Les cinq facteurs afflictifs apparaissent et créent le karma, dont les résultats sont les trois Mondes et les six catégories d'êtres.

De l'aversion naît le Monde de la forme.

De l'attachement naît le Monde du désir.

Les six catégories d'êtres et les douze liens interdépendants découlent des six facteurs afflictifs habituels. Cette condition est appelée samsara.

No. 14

La qualité de la vacuité
est le Dharmakaya.
La qualité de la clarté
est le Sambhogakaya.
La variété des
miraculeuses capacités
est le Nirmanakaya.

Les trois Corps de l'éveil selon le Dzogchen

Les trois Corps de l'éveil sont le Dharmakaya, le Sambhogakaya et le Nirmanakaya. Ce sont trois qualités de l'esprit naturel. Dans les enseignements Dzogchen, l'une des méthodes pour les présenter consiste à parler de leur localisation, puis à décrire ce qu'est chacun d'eux.

Puisqu'il est impossible de désigner une chose particulière qui serait le Dharmakaya, vaste et semblable au ciel, sa localisation est décrite comme étant dans la qualité de la pureté primordiale de la Conscience naturelle, sans objet ni sujet. Vierge de toute partialité, il est pureté primordiale.

Le Sambhogakaya est localisé dans notre cœur. Dans la tradition tibétaine, l'esprit est situé dans le cœur. L'objet est la Conscience éveillée avec trois manifestations : formes, couleurs et sons. Tout phénomène y est spontané.

Le Nirmanakaya est localisé sur la voie des trois canaux. La Conscience éveillée qui émerge est celle des six phénomènes et des six objets apparaissant à travers les six consciences. En fait, il s'agit du Corps éveillé et du champ de bouddha mais comme nous avons des illusions, nous ne reconnaissons pas le fait que nous les possédons déjà, et le samsara apparaît.

Ces Corps sont spontanément inclus dans l'esprit naturel.

No. 15

Maintenir la Conscience
éveillée est la condition naturelle.
Quel que soit l'objet qui apparaisse,
l'esprit ne le suit pas.
À ce moment-là,
le pratiquant accède à l'indépendance.

Apparition et libération simultanées

Si l'enfant est perdu, la mère le cherchera jusqu'à ce qu'elle le trouve, même si elle doit le chercher longtemps. C'est ainsi que toutes les apparences se manifestent à partir de l'esprit naturel et y retournent. Si nous avons une bonne réalisation, tous les phénomènes disparaissent simplement dans l'esprit naturel fondamental, semblable à l'espace. Cette réalisation est appelée libération. Pour le pratiquant le plus élevé et le plus réalisé, tout ce qu'il voit est Corps, Verbe et Esprit éveillés, et toutes les activités de Bouddha sont un mandala et des apparences de Terre pure. C'est la libération. De même, lorsque le pratiquant débutant, par exemple, a des pensées négatives, il les voit se dissoudre dans l'esprit naturel. C'est également ce qu'on appelle la libération. La pratique s'appelle donc « Apparition et libération simultanées ». Nous essayons de pratiquer cela en méditation et dans notre vie quotidienne.

Pour le pratiquant débutant, le résultat et la source ressemblent à des choses différentes, mais en fait, le résultat fait partie de la source. Si nous réalisons qu'ils sont identiques, ils apparaissent et sont libérés en même temps.

No. 16

L'exemple est l'espace.
Le signe est la grande vacuité.
Le sens est la vérité ultime.

Trois manières de comprendre l'esprit naturel

Il existe trois façons de comprendre l'esprit naturel :

– L'exemple : Une illustration facile à comprendre et que tout le monde connaît et voit - une métaphore.

– Le signe : la signification plus profonde vers laquelle pointe la métaphore.

– Le sens : ce qui est essentiel à comprendre.

L'exemple est l'espace. Dans l'espace, il y a un arc-en-ciel, des nuages et beaucoup d'autres choses qui apparaissent, demeurent et disparaissent en lui. L'espace n'a ni fin, ni couleur, ni partialité. L'esprit naturel est comme l'espace ; les pensées et les illusions y apparaissent, y demeurent et y disparaissent.

Le signe est la qualité de clarté, la qualité de vacuité et la grande qualité qui est l'union de la clarté et de la vacuité. Ce qui est apparence pour l'esprit et les facteurs mentaux va et vient sans saisie parce que l'esprit naturel est sans saisie.

Le sens est la vérité ultime qui est non-émergence. Il y a apparence de phénomènes et d'entités, mais tout ce qui apparaît reste au sein de la vérité ultime et disparaît en elle. Vierge de toute partialité, elle transcende les mots et des concepts.

Le sens se trouve dans la sphère unique de la vérité ultime.

No. 17

Qu'est-ce que
la sagesse
de la Conscience éveillée ?
Son essence
est Claire Lumière.
Elle est naturelle,
sans conscience ordinaire
ni discursivité.

Reconnaître la mère, l'enfant et la manifestation

Pour le méditant Dzogchen, il est important de reconnaître la connexion entre les aspects de la réalisation, comme la mère, l'enfant et la manifestation.

La mère est la pureté primordiale, à l'image du ciel. Elle est le fondement du samsara, du nirvana, des bouddhas et des êtres animés. Elle est la grande source.

L'enfant est la sagesse de la Conscience éveillée, à l'image du soleil dans le ciel. Nous demeurons dans cette Conscience nue, non obstruée, sans saisie et sans effort.

La manifestation correspond aux apparences et celles-ci proviennent de la sagesse de la Conscience éveillée. Les formes, sons et couleurs sont les apparences les plus subtiles.

Il est très important de reconnaître la mère, l'enfant et la manifestation en méditation et de les réaliser. Mais cette pratique est également très importante dans la vie quotidienne. Si notre réalisation est bonne, beaucoup de souffrances et de problèmes sont alors résolus. Lorsque nous rencontrons un problème, cette pratique est très utile.

No. 18

Il y a un objet,
mais cet objet
est sans fondement.
L'apparence
est nominale.
Le nom est
comme l'apparence.
Le nom n'a pas
de fondement.

Le karma et l'esprit naturel

Le karma négatif est la principale source de souffrance pour les êtres animés. Par l'intermédiaire des six consciences, nous saisissons les six objets. Par exemple, si nous voyons une fleur, la conscience oculaire provoque l'émergence de la conscience mentale (ou pensée) qui, à son tour, la saisit en tant qu'objet. Nous sommes actuellement contrôlés par cette saisie et nous créons alors le karma qui en résulte. C'est ainsi que nous tournons en rond dans le samsara.

Quelle est la cause de cette ronde du samsara ? C'est le fait de ne pas avoir réalisé l'esprit naturel. Si nous avons un bon niveau de réalisation, lorsque la conscience ordinaire saisit un objet, nous l'observons simplement. Nous pouvons voir que le fondement de cette conscience ressemble au ciel et que la conscience elle-même ressemble à un arc-en-ciel apparaissant là. Le fondement est en réalité l'esprit naturel. Les apparences et les actions de la conscience du pratiquant sont le mandala du Nirmanakaya. Le mandala est le Bouddha et la Terre du Bouddha.

Il n'y a donc pas de karma négatif ni de mauvais karma. C'est comme un pommier peint sur un mur. Nous voyons la pomme, mais nous ne pouvons pas la toucher. Ce n'est qu'une apparence et elle n'est pas vraiment là.

No. 19

La souillure disparaît
dans la non-souillure,
comme le sel
se dissout dans l'eau.
Le mauvais karma
et toutes les illusions
sont libérés
dans l'état naturel.

La purification dans le Dzogchen

Au cours d'innombrables renaissances, nous avons accumulé un mauvais karma, « stocké » sous forme de tendances habituelles. Ces graines karmiques déclenchent facilement la souffrance et la renaissance dans le « tourbillon » de l'origine interdépendante. Cependant, tout mauvais karma peut être purifié par la méthode des quatre forces antidotes. C'est le cas dans les soutras, les tantras, dans toutes les traditions bouddhistes, y compris le Dzogchen.

Dans le Dzogchen, la purification est une question de réalisation de la nature de l'esprit et de bonne expérience dans cette méditation. Dans cette optique, on réalise que tout le mauvais karma et toutes les non-vertus sont sans fondement. Toutes les graines karmiques sont scellées dans la nature de l'esprit, ce qui signifie qu'elles sont la manifestation de la nature de l'esprit.

Grâce à cette réalisation, tout karma est « purifié » en ce sens qu'il n'a pas été créé au départ. Par exemple, on ne peut pas peindre dans l'espace. Même si des couleurs apparaissent, il n'y a pas de toile sur laquelle elles peuvent se fixer. Les phénomènes n'ont pas de fondement, si ce n'est l'état naturel. Selon les enseignements, méditer une seconde sur cette nature de l'esprit purifie des éons de mauvais karma. C'est donc la meilleure méthode de purification.

No. 20

Les cinq facteurs
afflictifs sont
complètement purifiés.
La primordiale Conscience
éveillée demeure
naturellement
dans les cinq sagesses.

Présentation du Refuge secret

Selon l'enseignement du Dharma, la pratique du Refuge est importante. Pourquoi avons-nous besoin de la pratique du Refuge ? Nous savons que nous-mêmes ainsi que tous les autres êtres animés avons des problèmes et souffrons, et nous cherchons de l'aide. Dans le samsara, nous subissons des souffrances à la fois grossières et subtiles.

Si nous reconnaissons l'esprit naturel et acquérons de l'expérience, cela nous aide à soulager nos souffrances en allant jusqu'à la racine de la souffrance. Toute souffrance provient de phénomènes transitoires. Une réalisation plus poussée permet de contrôler les apparences négatives et d'acquérir la maîtrise de tous les phénomènes.

Quand nous reconnaissons l'esprit naturel et que nous avons foi en lui, il s'agit d'une pratique du Refuge. Lorsque nous accédons à une expérience supérieure, le nirvana et toutes les qualités de Bouddha sont automatiquement atteints. À ce moment-là, de nombreuses qualités éveillées se manifestent, telles que les cinq sagesses.

La Conscience naturelle est l'esprit extraordinaire de tous les bouddhas. Les enseignements disent que lorsque nous voyons la sagesse auto-connaissante, nous voyons des milliers de visages de bouddhas.

Lorsque nous pratiquons, les souffrances grossières et subtiles sont libérées dans l'esprit naturel. Nous sommes protégés de la souffrance. Ceci est la meilleure pratique de Refuge.

No. 21

La bodhicitta
est la non-dualité,
primordialement
vierge de tout effort.
Comprendre la souveraine
Conscience éveillée,
la bodhicitta,
est à l'image du ciel
vaste et lumineux.
C'est une luminosité omniprésente,
sans restriction.
Voilà ce qu'on appelle la bodhicitta.

Les deux bodhicittas dans le Dzogchen

La tradition du Dzogchen est une tradition Mahayana, c'est pourquoi nous pratiquons non seulement pour nous-mêmes, mais aussi pour que tous les autres êtres animés atteignent l'éveil. Tous les enseignements des soutras qui expliquent la bodhicitta relative et la compassion ne sont pas différents de ceux du Dzogchen.

Les deux bodhicittas sont incluses dans les traditions d'entraînement de l'esprit du Mahayana. Il s'agit de la bodhicitta conventionnelle ou relative et de la bodhicitta ultime ou auto-connaissante.

En tibétain, « jangchoub sem » signifie « bodhicitta ». « Jang » indique que l'ignorance, l'illusion et les fautes sont toutes primordialement purifiées. « Choub » signifie que toutes les qualités éveillées sont incluses dans le parachèvement spontané de la plus haute réalisation. « Sem » renvoie à l'état naturel de l'esprit. Dans le Dzogchen, il s'agit donc de la bodhicitta ultime.

Lorsque nous pratiquons, tous les êtres animés apparaissent et sont « scellés » ou inclus dans l'esprit naturel. Grâce à la motivation du Mahayana, cette pratique conduit tous les êtres animés à l'éveil.

Tous les phénomènes sont scellés au sein de l'esprit naturel. C'est la meilleure façon d'amener tous les êtres animés à l'éveil. C'est la meilleure pratique de la bodhicitta.

No. 22

Regardez,
tout est occurrence naturelle.
Tous les phénomènes de notre
expérience ne viennent
pas de l'extérieur ;
ils ont tous pour
origine l'esprit naturel.

Les pensées passent comme des nuages

Imaginez un espace qui s'ouvre à l'infini dans toutes les directions. Dans cet espace semblable au ciel, les nuages apparaissent et disparaissent d'eux-mêmes. Aucun effort n'est nécessaire. Les avions vont et viennent, les nuages noirs et les oiseaux vont et viennent, tandis que l'espace profond et immuable reste libre et pur. C'est ainsi que notre esprit est primordialement pur. De même, les pensées, les peurs, les soucis, le bonheur, la souffrance et la joie apparaissent tous dans notre esprit et, d'eux-mêmes, ils vont et viennent dans la vaste étendue de l'esprit naturel.

Que se passerait-il si nous faisions l'expérience d'une pensée comme d'un nuage qui passe en ce moment, sans la considérer comme bonne ou mauvaise et sans nous y perdre, sans la suivre ?

C'est ainsi que fonctionne la méditation naturelle de l'esprit. Si nous essayons d'arrêter la pensée, ce n'est pas la méditation. Si nous suivons la pensée ou nous perdons en elle, ce n'est pas non plus la méditation. Laisser l'esprit dans son état naturel, laisser la pensée aller et venir, c'est cela, la méditation. Lorsque nous le réalisons, nous ne sommes plus contrôlés par nos pensées.

No. 23

L'erreur est
de s'attacher
aux expériences
de la méditation.
Lorsque le méditant
s'attache à l'état de quiétude,
il ressemble
à un voyageur endormi
sur la route.

Trois étapes : repos, destruction et maintien

Au début, nous méditons sans nous concentrer sur un objet – forme, couleur, odeur, visualisation, etc. Les trois étapes à utiliser à ce moment-là sont le repos, la destruction et le maintien.

Le repos : nous devons méditer sans suivre de concepts. Nous nous reposons sur l'impossibilité d'appréhender. Notre méditation est détendue, dans la liberté et l'aisance. Laissons-la telle qu'elle est naturellement.

Destruction : Pendant la méditation, lorsqu'un problème survient, détruisons-le. Nous pouvons constater que l'esprit a commencé à s'engager dans un objet, ou que nous commençons à analyser notre méditation, en pensant : « Ça se passe bien maintenant, ce que je fais est correct ». Nous devons détruire ces schémas mentaux car ils sont à l'opposé de la méditation. Si nous ne les détruisons pas, nous sommes comme celui qui fait un long voyage et qui s'endort sur la route. Il ne peut pas atteindre son but.

Le maintien : Après avoir détruit les problèmes, méditons à nouveau dans un état sans distraction. Demeurons continûment et sans effort dans l'esprit naturel.

No. 24

Tous les sujets
et objets sont inclus
dans l'esprit naturel
sans séparation.
Tout n'est
qu'occurrence
naturelle.

La nature des pensées

Qui n'est jamais allé à la plage et ne s'est jamais émerveillé devant les énormes vagues de tempête qui déferlent sur le rivage ? C'est impressionnant et magnifique. Quel contraste avec les vagues endormies des jours calmes ! Nous voyons de nombreuses vagues, aussi bien celles qui se brisent sur le rivage que celles qui montent et descendent dans les profondeurs de l'océan. Une analogie bouddhiste utilise ce phénomène pour illustrer la nature des pensées. L'océan est constitué d'une eau étendue et profonde. Les vagues, et en particulier les plus grosses, se soulèvent et semblent différentes du reste de l'océan. Pourtant, ces vagues, qu'elles soient grandes ou petites, sont de la même eau que l'océan et – on peut le dire – sont l'expression de la nature de l'océan.

Les pensées qui surgissent et disparaissent dans notre esprit sont de la même nature que notre esprit naturel et en sont l'expression. Elles ne sont pas différentes et séparées, tout comme les vagues ne sont qu'une expression de la mer.

No. 25

Saisir les choses comme réelles,
c'est la manière de se fourvoyer.
Leur absence d'existence intrinsèque
correspond à la réalisation.

Qu'est-ce que l'ego et l'attachement à l'ego ?

L'attachement à l'ego, à la fois subtil et grossier, est la racine du samsara. Il est la source de toutes les souffrances et de toutes les négativités. La raison en est que tous les malheurs et toutes les négativités proviennent de l'illusion. Par exemple, l'attachement et la colère proviennent de l'auto-chérissement. D'où vient cet auto-chérissement ? De l'attachement à l'ego.

Dans notre tradition, l'une des vues les plus importantes est que le soi n'existe pas. Qu'est-ce qui n'existe pas ? Rien n'existe qui puisse être établi du point de vue de l'objet lui-même. Par exemple, lorsque nous allons à l'église, nous voyons des œuvres d'art ou des statues sur le mur. Un guide pointe le mur et dit « voici Jésus » ou « voici Marie ». C'est la vision que l'on a de l'art selon l'opinion ordinaire. En réalité, ce n'est que de l'art. Ce n'est pas réel du tout. Ce ne sont ni Jésus, ni Marie. Nous ne pouvons pas trouver Jésus ou Marie du côté de l'art lui-même. De même pour les êtres humains, nous avons cinq agrégats –

forme, sensation, identification, volition et conscience. Ce sont les bases de désignation de nos egos conventionnels. Mais nous ne constatons pas que l'un des cinq agrégats existe de son côté. C'est ce que nous appelons l'inexistence du soi.

Sinon, nous avons une vision conventionnelle ou un ego nominal. Par exemple, dans le cadre de la réincarnation, c'est le cas lorsqu'on voit une personne comme issue de sa vie antérieure, présente dans cette vie et destinée à connaître une vie future. C'est le cas aussi lorsqu'on dit de quelqu'un qu'il n'a pas atteint le plein éveil ou qu'il atteindra le plein éveil. Dans ces exemples, nous ne nous séparons jamais de l'ego nominal.

La saisie d'un soi se situe à l'opposé de la sagesse auto-connaissante. C'est comme être aveugle. Les aveugles aimeraient voir un bel endroit et profiter d'une vie plus riche, mais ce n'est jamais le cas. Comme un aveugle, nous aimerions tout réaliser avec clarté, mais nous rencontrons beaucoup d'obstacles dus à l'auto-chérissement et à l'égocentrisme.

Notre méditation fonctionne de manière optimale pour reconnaître notre ego ou notre « moi ». Cependant, nous devrions parfois regarder la façon dont les choses apparaissent. Par exemple, lorsque nous pensons « je me lève », cette pensée est très proche et liée à notre ego. Nous devrions donc nous poser les questions suivantes : D'où vient le « je » ? Que fait le « je » ? Quelles sont les conditions du « je » ? En quoi l'ego est-il la condition opposée à l'esprit naturel ? Cela nous aidera à progresser dans notre expérience méditative.

No. 26

L'esprit naturel
est de nature spontanée.
Il n'est pas fabriqué.
Parce qu'il n'est pas fabriqué,
on dit qu'il est sans cause.

Les premières expériences

Nous avons beaucoup discuté de l'esprit dans la méditation et nous avons maintenant compris que la méditation consiste à faire l'expérience de l'esprit naturel.

Nous avons pris conscience de toutes les pensées qui attirent notre attention lorsque nous voulons méditer. Nous nous sommes tous retrouvés plongés dans nos pensées, avant d'en sortir brusquement et de nous apercevoir que nous avions été capturés par une idée, un sentiment ou un attachement à un objet de nos sens.

Nous nous engageons dans nos pensées, allant de l'une à l'autre tout au long de la journée. Nos esprits sont comme des brins d'herbe qui se plient au gré du vent, en fonction de la prochaine pensée qui se présente. C'est parce que nous n'y avons pas vraiment prêté attention.

Lorsque nous commençons à méditer, nous nous rendons compte que nos pensées vont et viennent. Le conseil est de les laisser surgir et s'estomper sans les suivre et sans essayer de les arrêter. C'est la meilleure façon d'atteindre la méditation dans le Dzogchen. Nous pouvons voir notre esprit naturel. Nous ne suivons pas chaque pensée comme des brins d'herbe dans le vent.

No. 27

L'esprit naturel
est un résultat sans cause.
La nature parfaite
est sans effort,
à l'image du ciel.
C'est la nature suprême
qui inclut tous les résultats.

Les signes de réussite

Nous avons appris à rechercher l'esprit et à analyser ce qu'est l'esprit. L'avantage de cette démarche est d'acquérir une expérience de la condition réelle de notre esprit. En quoi cela nous aide-t-il ?

En observant comment les pensées vont et viennent, nous pouvons développer un meilleur contrôle de notre esprit. Nous savons que nos actions, nos paroles et nos expériences quotidiennes sont sous le contrôle de l'esprit et, par conséquent, combien il serait bénéfique de pouvoir contrôler l'esprit !

Ensuite, au fur et à mesure que nous progressons, quels sont les signes qui indiquent que nous avons acquis le contrôle de notre esprit ? Voici quelques analogies avec l'esprit stable et contrôlé du méditant :

- Comme de l'eau qui passe dans un tuyau, de façon régulière et avec un flux continu et stable
- Comme une tortue dans une casserole qui ne s'éloigne jamais de l'endroit où elle se trouve
- Comme un clou que l'on enfonce avec force.

No. 28

Les impuretés se dissolvent
dans l'esprit naturel.
La pureté brille
de tous ses feux.
Les concepts disparaissent
comme des vêtements
qu'on enlève.

Le repos dans l'esprit naturel

Selon les tantras, notre corps contient des énergies ou souffles subtils circulant dans des canaux qui soutiennent le fonctionnement de l'esprit. À l'instar d'un cavalier qui doit savoir comment contrôler son cheval, les pratiques respiratoires telles que l'inspiration et l'expiration lentes par les narines 21 fois, peuvent aider à calmer et à préparer l'esprit à la méditation. Lorsque nous calmons l'énergie du souffle, puis notre esprit, notre corps et notre parole se calment automatiquement. Tous se reposeront spontanément. Celui qui jouit d'un repos complet est l'Éveillé.

Nous constatons parfois que nous sommes fatigués mentalement et physiquement à la fin de la journée ou à la fin de la semaine. Nous pouvons atteindre un profond repos lorsque nous sommes capables de nous reposer dans la méditation sur l'esprit naturel. Il est dit que « nous nous reposons dans la panoramique Conscience primordiale ». L'esprit naturel est inconcevablement vaste, il est sans commencement et c'est une pure Conscience éveillée, sans pensées liées à nos conditions passées ou futures. Nous nous reposons dans cette pure dimension de l'esprit.

No. 29

La grande absence
de limitations est
la vue la meilleure.
C'est aussi
la vue souveraine.
Elle est très différente
des autres.
Elle est merveilleuse,
illimitée, singulière.

La contemplation

Nous contemplons notre état naturel inné. Comme nous l'avons appris, nous suivons toujours nos concepts et nos pensées. Il en est ainsi depuis de nombreuses vies.

Par conséquent, nous avons toujours des souffrances et des négativités qui surgissent et nous nous sentons tristes. Nous nous sentons tristes et nous avons peur que cela continue dans le futur.

Comment devrions-nous contempler l'esprit naturel ? Les enseignements disent que la contemplation a deux aspects : être dans la fraîcheur et être libre de tout effort.

Ne doutons pas, nous pouvons être déterminés à ce sujet. Nous n'avons pas besoin de penser à d'autres choses ou de chercher d'autres significations.

La fraîcheur, c'est rester dans le présent sans saisir le présent. Si nous restons dans cette fraîcheur, nous ne faisons aucun effort. Nous restons naturels et alors, il n'y a pas d'effort. C'est ainsi que nous pouvons contempler l'esprit naturel.

No. 30

Si votre méditation
reste sur un objet,
c'est comme si elle
y flottait et
qu'elle était perdue.
Le voyageur veut continuer
et aller loin,
mais il s'endort
sur la route.

Comment contempler ?

Réfléchissons : toutes les apparences sont liées à l'esprit naturel, semblable à l'espace. De nombreuses pensées surgissent lorsque nous méditons. Toutes sont contenues dans l'espace unique. Lorsqu'une pensée survient, comprenons qu'elle naît, demeure et se dissout au sein de l'esprit naturel semblable à l'espace. La conceptualisation n'est donc pas séparée de l'esprit naturel. C'est comme le sucre qui se dissout dans l'eau ; on ne peut plus le distinguer de l'eau. De la même manière, tout est unifié au sein de l'esprit naturel.

Les nombreux phénomènes – nos apparences, nos bons ou mauvais sentiments, nos pensées et nos concepts – sont tous dans l'esprit naturel. Ils ne sont pas différents ou séparés de lui.

Nous avons dissous les concepts dans l'esprit naturel et nous restons maintenant sans rien faire de plus ni changer quoi que ce soit. Nous demeurons dans la qualité de l'espace.

No. 31

Si votre pratique suit
la bonne voie
et qu'elle est solide,
les trois stades apparaissent
progressivement
en fonction des différents
niveaux de capacité.

Les trois stades de la réalisation dans la pratique du Dzogchen

Selon le Dzogchen, le plus important est de réaliser la vue à travers la pratique. La réalisation signifie que nous voyons les apparences comme la sagesse née d'elle-même, à savoir qu'il n'y a pas d'autre source qu'elle pour les apparences. Trois niveaux principaux, chacun avec trois sous-catégories, sont expliqués dans les enseignements Dzogchen : la méditation en sessions (Thun Gom), la méditation continue (Ngang Gom) et la méditation suprême (Long Gom).

1) Pour les pratiquants débutants, des distractions, des agitations et de nombreux obstacles surviennent la plupart du temps et peuvent apparaître sous forme de sentiments de doute, de peur et de tristesse. Puis, à certains moments, la sagesse née d'elle-même peut s'élever comme la lumière du soleil perçant entre de nombreux nuages dans le ciel. La chose la plus importante à

faire lorsque nous rencontrons des difficultés est d'essayer encore et encore, en faisant l'effort de méditer continuellement. Si nous pouvons progresser de cette façon, un jour, la sagesse originelle pourra apparaître et il sera plus agréable de méditer.

2) Le deuxième stade consiste à prendre conscience que la vue des apparences correspondant au premier stade est une fabrication de l'esprit. L'important ici est de continuer à méditer sans effort. Lorsque nous progressons, toutes les conceptualisations deviennent des amies et la multiplicité prend un goût unique. Il est également important de nous entraîner en utilisant une variété d'objets positifs et négatifs dans la pratique. L'application de la pleine conscience devrait être utilisée pour conserver la Conscience éveillée de l'état naturel et sceller, dans notre réalisation, tous les phénomènes au sein de la sagesse originelle.

3) Lorsque nous arrivons au troisième stade, celui de la méditation suprême, nous avons complètement épuisé tout effort pour maintenir le sujet et l'objet dans la pratique. Notre méditation est stable et nous restons jour et nuit dans l'état sans méditation et sans distraction. À ce niveau, nous pouvons automatiquement évacuer les pensées et la conscience ordinaire car elles ne sont pas nécessaires à notre pratique. Enfin, nous atteignons le niveau de la grande absence de méditation ; toutes les apparences phénoménales se résument alors à des noms ou des étiquettes. Tous les phénomènes ont été épuisés et demeurent de manière immuable dans l'état naturel. Lorsque nous atteignons ce niveau de pratique, nous avons pleinement atteint la réalisation suprême. C'est ce que nous appelons atteindre l'état de bouddha.

No. 32

La nature, les circonstances et l'erreur sont les trois défauts de la torpeur. La torpeur diminue la pureté de la méditation.

Résoudre la torpeur

De nombreux défauts peuvent survenir au cours de notre méditation. Les deux principaux sont la torpeur et l'agitation, et il en existe des formes grossières et subtiles.

Ici, nous aborderons la torpeur ou l'assoupissement dans la méditation. On distingue trois causes principales à la torpeur : La nature, les circonstances et l'erreur.

– La nature : nous pouvons tomber dans la torpeur si l'un de nos quatre éléments est en déséquilibre. Par exemple, si l'élément terre est dominant, il est facile de faire l'expérience de la torpeur. La nature peut également être liée au niveau d'intelligence de base du méditant.

– Les circonstances : un travail physique intense, des vêtements trop épais, un temps chaud ou une alimentation trop riche peuvent entraîner un relâchement.

– L'erreur : une personne peut commettre une erreur sans s'en préoccuper, par exemple en luttant pour rester éveillée. Elle ne pense pas que c'est un problème.

Quelles sont les solutions ? Adopter la posture méditative correcte, élever l'esprit en se rappelant les avantages et les bons résultats de la méditation, se souvenir des qualités du Dharmakaya, nettoyer son environnement, faire une pause, changer de siège, rejoindre un endroit élevé, manger moins, chanter et lever les yeux ou regarder le ciel.

No. 33

L'agitation,
c'est l'esprit
qui va partout,
comme le nuage
qui va partout où
le vent souffle.

Résoudre l'agitation

Les deux principaux défauts de la méditation sont la torpeur et l'agitation. Ici, nous aborderons l'agitation ou l'excès de pensées. On distingue trois causes principales d'agitation : La nature, les circonstances et l'erreur.

– La nature : les quatre éléments ne sont pas équilibrés. Si l'élément feu ou souffle est dominant, il est facile de ressentir de l'agitation. Un déséquilibre des éléments peut également entraîner de la colère ou de l'orgueil, ce qui peut contribuer à l'agitation.

– Les circonstances : certaines personnes ont tendance à suivre des perceptions ordinaires qui peuvent interférer avec la méditation. Par exemple, si l'on regarde beaucoup la télévision, même si les programmes n'ont pas de sens, ou si l'on aime beaucoup parler avec les gens, l'esprit est facilement distrait.

– L'erreur : certains pensent qu'il n'est pas nécessaire de méditer. Ils disent que la méditation ne présente aucun avantage. Leur esprit est très agité et ils ne peuvent pas le contrôler.

Quelles sont les solutions ? Adopter une posture corporelle correcte, s'asseoir sur un coussin lisse et chaud, se masser avec des pommades et de l'huile, détendre le corps et l'esprit.

Dans tout ce que nous faisons, allons-y lentement - comme marcher, parler ou accomplir les tâches quotidiennes. Mangeons des aliments plus lourds et nutritifs. Avec la pratique, la méditation résoudra également les problèmes d'agitation.

No. 34

Tout ce que
vous voyez est là.
Observez directement.
Si vous ne voyez pas,
avez-vous observé ?
Vous avez vu l'esprit naturel.

L'auto-libération dans la vue de l'esprit naturel

« Un serpent enroulé se déroulera naturellement de lui-même lorsqu'il commencera à s'éloigner ». Lorsque nous reconnaissons l'esprit naturel, l'ignorance disparaît d'elle-même. C'est l'auto-libération.

Par exemple, lorsque nous sommes en colère, il faut comprendre que la source de la colère est l'esprit naturel et qu'elle n'en est pas séparée. Lorsque nous trouvons la source de la colère dans l'esprit naturel, la colère disparaît naturellement. Elle se libère d'elle-même.

Tout est dans la même condition. Les grands sujets comme l'ignorance sont la cause de la souffrance. Le nirvana et le samsara, ainsi que les petits sujets comme l'illusion, les concepts et la colère – tout se dissout dans l'esprit naturel. Nous voulons être libérés de la souffrance. Tout provient de l'Esprit naturel et disparaît en lui. Par conséquent, l'esprit naturel est la sagesse de l'auto-libération.

No. 35

La sagesse née
d'elle-même
est le fondement.
Les cinq facteurs
afflictifs sont
des manifestations.

La sagesse auto-connaissante

« La lumière de la lampe s'éclaire elle-même ». On dit que la lumière « s'éclaire elle-même » du fait qu'elle ne s'obscurcit pas elle-même. Il est possible que d'autres conditions l'obscurcissent, mais pour elle-même, elle reste toujours non-obscurcie. Pourquoi disons-nous que l'esprit naturel est auto-connaissant ? L'esprit naturel n'est pas non plus dissimulé à lui-même. Nous avons entendu dire qu'il est au-delà du mental et de la parole. Lorsque nous le reconnaissons, nous le voyons alors clairement, mais il est toujours apparent à lui-même. Nous disons donc qu'il est auto-connaissant.

Alors pourquoi parle-t-on de sagesse ? Bien qu'il existe de nombreuses concepts et illusions qui obscurcissent l'esprit naturel, notre ignorance est le principal obscurcissement qui nous empêche de le voir. Cette ignorance est la source de notre souffrance et reconnaître l'esprit naturel est l'antidote à cette ignorance. C'est la vérité ultime. C'est la meilleure sagesse.

No. 36

La vérité ultime
est comme l'espace,
au-delà des phénomènes
qui naissent ou disparaissent.
Elle se situe au-delà des phrases,
elle est inconcevable
et inexprimable par des mots.

Se passer des mots, s'engager dans le sens

Normalement, nous sommes attentifs lorsque nous écoutons des enseignements, lisons des livres ou étudions. Nous nous appuyons sur les mots et les regroupons en phrases, ce qui est très important pour nous au début. Plus tard, nous nous passons des mots et nous nous appuyons sur leur signification.

La vérité ultime ne peut être expérimentée avec l'esprit ordinaire, car celui-ci est conventionnel. Par conséquent, tous les mots, discours et phrases suivent cet esprit et sa motivation. Écouter des phrases n'est que la première étape. Lorsque nous atteignons la deuxième étape, le sens au-delà des conventions, nous ne dépendons plus des mots.

Pourquoi le Bouddha a-t-il donné tant d'enseignements ? Parce que les gens ne comprenaient pas la vérité ultime. Lorsqu'ils la comprennent, à quoi servent les mots ? Par exemple, lorsque nous avons fini de traverser le fleuve et que nous avons atteint notre destination, nous n'avons plus besoin du bateau.

Le Bouddha a enseigné de nombreuses méthodes pour comprendre la vérité ultime, mais toutes avaient pour but d'expliquer un seul point. Chaque enseignement devait conduire à la vérité ultime. Les mots ne sont pas importants, c'est le sens qui l'est. Ce sens est l'esprit naturel.

No. 37

Si les cinq consciences
suivent les cinq objets,
ne vous attachez pas à l'ego.
Si vous vous accrochez à l'ego,
n'en faites pas une habitude.

Avancer sur la voie

Les pensées ordinaires suivent la voie dans la méditation sur l'esprit naturel. Les enseignements disent qu'en un jour, surgissent 84 000 pensées chez les humains que nous sommes, y compris des illusions et des troubles mentaux. Qu'est-ce que cette voie ? Quelle que soit la discursivité qui émerge, nous ne faisons aucun effort pour l'abandonner. Nous ne nous engageons pas non plus dans les concepts qui surgissent. On distingue trois niveaux pour avancer sur le chemin.

Au niveau le plus élevé et le meilleur, lorsque des concepts apparaissent, le pratiquant reconnaît qu'ils sont définitivement des manifestations de l'esprit naturel et ils se dissolvent dans celui-ci comme des flocons de neige tombant sur l'océan.

Au deuxième niveau élevé, lorsque des pensées apparaissent, c'est comme la lumière du soleil qui fait fondre le givre sur les feuilles un matin d'automne. Le pratiquant dépend de la méditation pour résoudre le problème.

Au troisième niveau, le pratiquant utilise la pleine conscience. Par exemple, une personne très en colère accepte le conseil de quelqu'un et devient calme. Elle reconnaît les résultats indésirables de la colère, tels que les bagarres, les mauvaises relations qui s'en suivront et les contrariétés pour tout le monde. Elle pratique la patience au lieu de se mettre en colère, parce qu'elle reconnaît que cela apporte la paix et de bonnes relations à l'avenir. C'est la pleine conscience.

Ces trois niveaux dépendent de la réalisation de l'esprit naturel de la personne.

No. 38

Si je comprends tout,
ma conduite sera celle
d'un être éveillé.
Elle sera illimitée,
incommensurable.

Utiliser les différents types de conduite

Nous avons appris l'existence de trois stades de pratique : les niveaux de réalisation inférieur, intermédiaire et élevé. Une personne aura des expériences différentes en fonction de son niveau de réalisation. Il existe trois modes de conduite pour chacun de ces trois niveaux :

– Réalisation inférieure : Comme une bougie, la flamme est facilement perturbée par le vent. Les pratiquants débutants essaient de contrôler les obstacles par leur conduite du corps et de la parole, et s'efforcent de faciliter les conditions favorables à la pratique. Par exemple, ils pratiquent les six transcendances.

– Réalisation intermédiaire : La conduite du corps, de la parole et les actions ordinaires deviennent les amis de la pratique. Par exemple, ils s'abstiennent de considérer une chose comme bonne ou mauvaise, propre ou sale, ou une personne comme un ennemi ou un ami ; ils s'abstiennent d'attribuer une valeur aux choses. S'il y a un grand feu, le vent sert à amplifier le feu. Tel un bébé, ils ne cherchent pas à arrêter ou juger leurs pensées. Ils gagnent la liberté en ne supprimant ni ne cultivant les pensées.

– Réalisation supérieure : La conduite ici s'appelle « la multiplicité au goût unique » ou « la victoire sur toute partialité ». Par exemple, sur l'île d'or, tout n'est que or. Le pratiquant comprend que tout est une manifestation de l'esprit naturel et que rien n'en est séparé.

Les styles de conduite dépendent du niveau de réalisation de chacun.

No. 39

La non-méditation
sans distraction,
c'est la méditation.
L'esprit naturel
est non-méditation.
À l'image d'un clou enfoncé
dans le bois,
la méditation nécessite
l'absence de distraction.

La non-méditation sans distraction

La méditation sans entraves présente deux qualités importantes : la non-méditation et la non-distraction.

– La non-méditation : la méditation sur l'esprit naturel est sans entraves. Elle est et doit être sans effort, car lorsque nous faisons un effort, nous modifions quelque chose, ce qui n'est pas la méditation. Les enseignements disent : « Soyez libres de tout effort dans la contemplation focalisée », ce qui correspond à la non-méditation. Il est dit que « sans effort, la méditation est non-méditation ».

– Sans distraction : qu'est-ce que la distraction ? Par exemple, de nombreuses formes et couleurs différentes peuvent apparaître dans un miroir. Elles apparaissent mais ne perturbent pas le verre. De même, dans le recueillement méditatif sans entraves, des phénomènes tels que des pensées et des concepts apparaissent, mais ils ne perturbent pas la méditation.

Sans distraction signifie que l'on reste continuellement dans l'esprit naturel. Lorsque nous méditons, nous demeurons dans la condition vierge de toute fabrication et nous ne perdons pas l'équilibre méditatif.

No. 40

Lorsque les
pratiquants ont
une compréhension profonde
de l'absence de partialité,
Ils deviennent confiants
dans la vue du Dzogchen.

L'impartialité : la vue selon le Dzogchen

La Grande Perfection est la vue libre de toute limitation. Elle est sans limite, sans restriction et sans partialité.

Lorsque nous atteignons une réalisation supérieure, la méditation n'est pas séparée de l'expérience ; c'est aussi la vue du Dzogchen. Nous comprenons que les phénomènes surviennent et qu'ils ne nous rendent ni heureux ni malheureux. Lorsque quelque chose de bien se produit, nous sommes normalement heureux et nous sommes tristes lorsque quelque chose de mal se produit. Avec une réalisation plus élevée, nous ne sommes pas affectés de la sorte.

Avec une réalisation supérieure, la conduite du corps, de la parole et de l'esprit est dans un état non-contrôlé. La vue, la méditation et la conduite ont la même valeur. Tout a le même goût.

De nombreux maîtres Dzogchen ont étudié les soutras, les tantras et se sont engagés dans de nombreuses pratiques différentes. Ils peuvent les intégrer toutes dans leur pratique du Dzogchen comme étant d'une même saveur unique. Confiants dans la vue du Dzogchen, ils peuvent pratiquer différentes lignées sans qu'aucune d'entre elles ne nuise à l'autre. Il n'y a que des avantages à cela.

Le fondement du Dzogchen est inclusif, sans partialité. De nombreux maîtres Rimé pratiquent d'une manière non-sectaire en incluant plusieurs lignées et écoles. *Ri* en tibétain signifie « unilatéral » ou « partisan » et *mé* signifie « pas ». Les deux syllabes forment le mot *Rimé*, c'est-à-dire « non-partisan » ou « impartial ».

No. 41

Les trois manifestations
s'épuisent dans
la Conscience naturelle.
Samsara et nirvana
s'épuisent tous
deux dans
l'état primordial.

Une connaissance unique qui libère tout

Comment dissiper les idées fausses selon la tradition du Dzogchen ? Il existe deux sortes de phénomènes, subtils et grossiers, et tous deux se manifestent à partir de la Base de l'esprit naturel. Au niveau le plus subtil, les sons, les couleurs et les lumières apparaissent. Pour le pratiquant supérieur, ces apparences les plus subtiles sont reconnues comme une manifestation de l'esprit naturel. Par exemple, le pratiquant peut reconnaître trois manifestations apparaissant dans le bardo, l'état intermédiaire avant la nouvelle naissance. Elles se produisent à un niveau très subtil. La Base de l'esprit naturel et ses manifestations sont liées d'une manière particulière. Les trois manifestations que sont les sons, les couleurs et les lumières viennent de la Base de l'esprit naturel. Celui qui connaît cette condition fondamentale se libèrera facilement.

Dans un autre exemple, lorsque des phénomènes plus grossiers tels que l'ignorance, la colère et les émotions fortes apparaissent, nous devrions reconnaître qu'ils ont le même lien avec la Base de l'esprit naturel.

Nous devrions reconnaître les apparences subtiles et grossières comme des manifestations de la Base de l'esprit naturel. C'est ce qu'on appelle « une connaissance unique qui libère tout ».

No. 42

Rien n'a
de fondement.
Quoi que vous pensiez,
c'est ainsi que
cela vous apparaît.
C'est comme les six
manières dont
l'eau apparaît
aux êtres
des six mondes.

Cinq instructions qui pointent l'esprit naturel

Il existe cinq étapes d'instructions de présentation de l'esprit naturel qui conduisent à une reconnaissance de plus en plus profonde de celui-ci :

1. Les six phénomènes sensoriels n'ont d'autre source que notre esprit. Reconnaissons que les phénomènes ne sont que l'esprit.

2. Tout ce qui apparaît est interdépendant et dénué de soi. Reconnaissons que l'esprit est vacuité.

3. L'expérience de la méditation apparaît dans la nature de notre esprit clair par lui-même. Reconnaissons que la vacuité est luminosité.

4. Quels que soient les phénomènes qui apparaissent, ils sont positifs et utiles, comme des amis. Reconnaissons que la luminosité est en union avec la vacuité.

5. Quelle que soit l'expérience qui s'élève, elle ne distrait pas l'esprit. À l'image de la lance brandie dans l'espace, tout ce qui obscurcit disparaît. Au bout du compte, tout est clair comme une boule de cristal. Toutes les apparences extérieures et intérieures sont claires. Reconnaissons cette union comme étant la grande félicité.

No. 43

La nature
de l'esprit
est primordialement pure
et non née
Car il n'y a ni sujet
ni objet à saisir.

Les engagements dans le Dzogchen

Ces engagements se retrouvent dans tous les Véhicules du Bouddhisme (par exemple, le respect des textes du Dharma, des enseignements sacrés et des lignées). Quatre engagements exclusifs au Dzogchen sont enseignés : la non-existence, l'omniprésence, l'unité et la présence spontanée.

> 1. Non-existence : la nature de l'esprit est primordialement pure. Lorsque nous demeurons dans l'état naturel, il n'y a pas de saisie d'une existence intrinsèque, ni d'objet de saisie. Il n'y a ni cessation ni création. Il n'y a pas de « je » ou de « moi » (sujet ou objet).
>
> 2. L'omniprésence : l'état naturel est libre d'observance de vœux. Il n'y a ni début ni fin. Il n'y a pas de fondement d'un temps fixe.
>
> 3. L'unité : tous les phénomènes sont unis dans la sphère unique. L'état naturel n'a pas de « je » ou de « moi », il n'y a que l'unité. Au sein de l'unité, les trois temps ne peuvent être expliqués.
>
> 4. La présence spontanée : l'état naturel n'a pas besoin d'être recherché ; il est spontanément présent, avec une qualité d'éveil primordiale et spontanée.

No. 44

La confusion
se dissout dans
l'état naturel comme
les nuages dans le ciel,
révélant pureté et luminosité.
En ôtant les vêtements
de la pensée conceptuelle,
la Conscience nue se révèle.

Distinguer l'esprit ordinaire de la Conscience éveillée

Toutes les consciences et tous les facteurs mentaux sont des vérités conventionnelles. Cela inclut ce qui surgit dans l'esprit, les détails spécifiques de l'expérience. Certaines écoles bouddhistes font référence aux consciences. Dans la psychologie tibétaine, il existe de nombreux facteurs mentaux. Tous ces facteurs sont l'esprit, y compris les pensées, les conceptions et les illusions, ainsi que les objets positifs, comme la compassion et l'amour. La base et la voie des soutras comme des tantras relèvent de l'esprit conventionnel, tout comme les mantras, le yoga et la visualisation des divinités.

Selon le Dzogchen, il y a dans cela une saisie de l'esprit envers les objets et les pensées, positives ou négatives. Toute perfection en est absente car, en tant qu'esprit, les pensées conventionnelles sont souillées par l'ignorance et l'illusion.

La Conscience éveillée est sans objet et sans saisie, libre d'effort et au-delà de l'esprit conceptuel. C'est l'état d'auto-connaissance de l'esprit éveillé. Nous établissons la différence entre la Conscience éveillée et l'esprit conceptuel par la méditation. Lorsque nous méditons, notre esprit est calme et dans un état naturel. L'eau sale, lorsqu'elle est laissée à elle-même, se dépose et devient claire. De même, lorsque nous méditons, les pensées se dissipent. L'important n'est pas de savoir si la méditation est bonne ou mauvaise, mais de savoir ce qu'est la vérité conventionnelle et ce qu'est la Conscience éveillée.

No. 45

La sagesse née
d'elle-même
est omniprésente
et sans contraintes.
L'ignorance est
d'elle-même
totalement conquise.

La sagesse née d'elle-même

L'esprit naturel est une sagesse née d'elle-même, dotée de nombreuses qualités particulières, dont l'une est qu'elle est autogène. « Autogène » ou « née d'elle-même » signifie qu'elle est non-née et non-obstruée. Elle est non-née parce qu'elle n'a pas de causes primaires ou secondaires. La cause première correspond à la cause principale qui produit un effet, comme une graine se transforme en fruit. La cause secondaire est temporaire, c'est un soutien à la fructification, comme l'eau, le soleil et la terre qui soutiennent la croissance d'une graine. Toutes les réalités conventionnelles proviennent de ces deux causes.

La nature de l'esprit est la bouddhéité primordiale. Elle ne peut être libérée ou bloquée par quoi que ce soit, antidote ou objet.

Primordialement, l'essence de l'état naturel ne dépend de rien d'autre qu'elle et elle est auto-connaissante. C'est pourquoi on l'appelle la sagesse née d'elle-même ou, en tibétain, Rangjoung Yéshé. On l'imagine ainsi : le soleil brille et l'obscurité disparaît automatiquement. Il n'y a jamais d'ignorance dans le fondement de l'esprit naturel. Une personne qui connaît cette condition a reconnu la sagesse née d'elle-même.

No. 46

Un oiseau sans ailes
ne peut voler.
Prenez courage,
faites le plein d'énergie,
pratiquez et observez
l'état naturel.

L'émergence de la sagesse intérieure

Certaines conditions importantes sont nécessaires à la méditation et à la pratique : le beau temps, la nourriture et la boisson appropriées, le moment et le lieu adéquats. Ces conditions sont toujours importantes pour les pratiquants débutants.

Pour une personne très chanceuse, la sagesse apparaît directement lorsque l'enseignant la présente pour la première fois mais la plupart des gens ont besoin de procéder par étapes successives. Voici des exemples de trois niveaux de pratique :

Exemple du premier niveau : Il y a beaucoup de nuages dans le ciel. Nous ne pouvons pas toujours voir le soleil. De même, il existe de nombreux obstacles à la vision de la sagesse. Les pratiquants débutants peuvent avoir besoin de développer une stabilité dans leur pratique et de ne pas se décourager lorsque des nuages de doute surgissent dans leur esprit.

Exemple du deuxième niveau : La lumière du soleil se répand dans le ciel et brille dans toutes les directions. Avec l'expérience, les doutes des pratiquants se dissipent. Ils prennent confiance dans la vue de la sagesse et de la méditation.

Exemple du troisième niveau : sur l'île d'or, il n'y a rien qui ne soit or. Pour les pratiquants, ce qui apparaît est toujours la sagesse. Les enseignements disent qu'il existe de nombreuses manifestations de la sagesse : 84 000 sagesses, 61 sagesses et 5 sagesses. Celui qui médite voit toutes ces sagesses.

No. 47

Les vagues disparaissent
dans l'océan,
les planètes
dans l'espace
Et les phénomènes
dans la nature de l'esprit.

Threkchö : « Couper à travers »

En tibétain, « Threkchö » se définit comme le fait de « couper à travers » les doutes et les illusions pour atteindre la bouddhéité primordiale. Certains enseignements disent que le Threkchö est une pratique de paresseux qui permet de réaliser rapidement l'éveil sans effort.

La bouddhéité primordiale comporte quatre modes de libération. Le pratiquant se reconnaît totalement, reste dans l'absence totale de doute, continue directement avec confiance dans la libération et pratique continuellement dans l'état naturel primordial tel qu'il est décrit. C'est pour cette raison que l'on parle de « couper à travers par la pratique ».

Dans la pratique de Threkchö, il n'y a ni base ni voie comme dans les autres Véhicules. Il n'y a pas besoin de multiples antidotes pour les multiples négativités ; il n'y a qu'un seul antidote pour le samsara. Dans l'état naturel, il n'y a ni cessation ni création de pensées. Les phénomènes et toutes les pensées négatives sont directement libérés dans l'état naturel qui est leur source. Il n'y a ni négativité, ni samsara, ni souffrance.

Tout ce qui apparaît, tous les phénomènes, deviennent des amis de notre pratique. Par exemple, lorsque des voleurs entrent dans une maison et regardent autour d'eux pour prendre quelque chose, ils en sortent les mains vides parce que la maison est vide. Grâce à cette pratique, étape par étape, la racine des pensées qui saisissent les choses est réduite, libérant les obscurcissements karmiques dans la Conscience naturelle. C'est pour cette raison que l'on appelle cette pratique « couper à travers ».

No. 48

Les phénomènes
ne cessent pas,
ne s'arrêtent pas.
Ils remontent
à leur source
et sont
finalement libérés.

Thögal : le « Saut direct »

Thögal ne vient qu'à partir du moment où la pratique de Threkchö a été bien établie. Le pratiquant peut alors s'efforcer de visualiser des luminosités. Par exemple, la lumière d'une bougie dans un vase en verre monte et passe au-dessus de son bord. Notre Conscience éveillée est située dans notre cœur, les canaux subtils forment un chemin et les yeux sont comme une porte. La pratique de Thögal tente de rendre la sagesse apparente à travers les yeux.

Elle s'articule autour de quatre points clés.

Le premier point clé est comme une sentinelle devant une porte. Il s'agit de voir par l'observation personnelle.

Le deuxième point clé est illustré par l'exemple d'une maison d'hôtes. Il renvoie à la stabilité et à l'absence de changement de l'objet. Les objets de la perception que sont le ciel, le soleil, la lune et la lumière de la lampe demeurent stables lorsque nous les voyons avec nos yeux.

Le troisième point clé concerne le souffle subtil et la respiration, qui doivent être comme des voleurs entrant dans une maison, prudemment et lentement. L'expiration et l'inspiration circulent très doucement entre les dents.

Le quatrième point clé de la Conscience éveillée est comme le soleil qui brille et rend les choses visibles. À ce stade, laissons notre esprit se reposer dans le Dharmakaya inconditionnel, sans objet et sans saisie. Avec cette pratique, les visions lumineuses peuvent apparaître, indépendamment de la clarté et de l'obscurité extérieures.

Les pratiquants obtiennent de nombreuses indications d'expérience grâce à cette pratique, comme l'espace formant un dôme de lumière ou la sagesse apparaissant sous forme de sphères. Un autre indicateur de la sagesse est le Corps de bouddha sous forme de disques lumineux et de lumières ininterrompues. Selon les enseignements, pour les pratiquants qui font de grands efforts afin de se libérer à travers cette pratique, cette libération ne dépend pas du karma qu'ils ont créé, du manque d'éclat ou de l'acuité dans la méditation. Thögal comporte quatre stades dans la manifestation des visions. Finalement, toutes les visions s'épuisent et se dissolvent dans le fondement des phénomènes extérieurs primordialement purs. Les phénomènes extérieurs, le corps intérieur, les moments d'intervalle entre les souffles subtils et les pensées, sont également dissous, ce qui aboutit à l'accomplissement du grand corps d'arc-en-ciel.

No. 49

La pensée dualiste inclut
un sujet et un objet.
Le nihilisme est l'absence de
phénomènes apparents.
La voie du milieu
est libre de tout extrême.
La réalisation juste
se situe au-delà
des quatre extrêmes.

La vue de l'absence de saisie sujet-objet

À quoi correspondent la saisie d'un objet et l'agent qui le saisit ? À la dualité sujet-objet. Lorsqu'un objet apparaît pour la première fois à l'esprit d'un être animé, l'attachement naît et génère un flot de pensées. Prenons l'exemple d'un insecte pris dans une toile d'araignée : plus il bouge, plus il est prisonnier de la toile. Toute l'ignorance et l'idée d'un « toi » et d'un « moi » proviennent de la saisie sujet-objet. La saisie égotique en fait partie. La cause du samsara apparaît finalement de cette façon.

Le karma naît des facteurs afflictifs et ces derniers naissent de la saisie d'un soi. Par exemple, lors d'une nuit noire, lorsque nous voyons quelque chose de long et de fin qui est en fait une corde multicolore, nous pouvons penser que c'est un serpent. Nous le regardons et croyons qu'il s'agit d'un vrai serpent ; nous avons peur. Cette peur naît du fait qu'on s'attache à une perception erronée. Cependant, lorsque l'objet apparaît au pratiquant, il est immédiatement intégré à l'état naturel ; il est dissous dans la vérité ultime où il n'y a pas de base pour l'attachement. À ce moment-là, le pratiquant observe sans saisir. Par exemple, lorsque nous méditons dans l'état naturel, il n'y a ni objet ni sujet.

Pourquoi la vue qui saisit les choses correspond-elle à une perception erronée ? Quoi que ce soit qui apparaisse pour la première fois, d'où cela vient-il ? Où cela demeure-t-il ? Où cela disparaîtra-t-il ? Tout est embrassé par la Conscience naturelle. Il n'y a pas de dualité dans l'état naturel. Selon les grands pratiquants, il n'y a pas de rejet, pas de négativité. Si nous visualisons un lieu en or, nous n'y trouverons ni terre ni pierre. Lorsque nous méditons, nous devons poursuivre notre séance sans saisie. Il n'y a pas de différence entre l'observateur et ce qui est observé. C'est la non-dualité. C'est ce que nous appelons la « sagesse auto-connaissante ». Lorsque nous en faisons l'expérience, nous sortons de l'égarement et de la confusion. Automatiquement, nous nous libérons, nous atteignons l'éveil.

No. 50

Si l'on donne
un nom à quelqu'un,
il s'y attache.
Si cela devient un attachement,
on devient lié.
Si l'on s'attache,
on s'écarte de la pratique juste.
Si l'on s'écarte de la pratique juste,
on erre dans l'existence cyclique.

La non-action et l'absence de trace

Dans la perspective du Dzogchen, nous avons la vue, la méditation et la conduite. Nous qualifions ces trois points de non-action (absence d'effort) et d'absence de trace. Il s'agit de l'absence d'effort en toute action, un état au-delà de toute saisie des pensées, au-delà des mots et des paroles.

L'esprit naturel n'a pas de cause, il ne peut être évalué. De ce point de vue, il n'y a pas lieu d'espérer ou de craindre quoi que ce soit. L'esprit naturel n'a jamais été créé par des bouddhas ou des dieux et ne peut être modifié par une personne intelligente. C'est pourquoi nous pouvons parler de non-action.

À quoi correspond l'expression « absence de trace » ? Par exemple, lorsqu'un oiseau vole dans le ciel, il ne laisse pas de trace. Pour la méditation et la vue Dzogchen, cela signifie que les choses n'ont pas de commencement ou d'origine. Elles n'ont pas de lieu où demeurer dans le moment présent et, de la même façon, pas de lieu où elles puissent se rendre dans le futur. La vue est non-observation, la méditation est non-méditation, la conduite est non-action. Les concepts, les illusions et les négativités n'ont en réalité aucun fondement. Dans notre pratique, lorsqu'ils surgissent, nous pouvons les observer. Ils seront libérés dans l'état naturel. C'est l'« absence de trace ». En résumé, nous qualifions cette pratique de « non-action et d'absence de trace ».

No. 51

Lorsque l'esprit
se concentre sur son objet,
les pensées discursives
s'apaisent de plus en plus
et la sagesse apparaît d'autant.

La quiétude et la vision pénétrante dans le Dzogchen

Selon le Dzogchen, il existe trois méthodes de méditation :

- Shamatha ou la quiétude
- Vipashyana ou la vision pénétrante
- L'union de Shamatha et Vipashyana.

Nous pouvons expliquer qu'il existe deux types de méthodes de shamatha : la méthode générale et la méthode spécifique. La méthode générale pour les pratiquants débutants consiste à fixer l'esprit sur un objet, comme une petite statue ou la syllabe tibétaine Ah, avec concentration. Plus tard, au fur et à mesure que nous progressons, notre esprit devient plus calme et plus confortable et peut rester concentré sur l'objet plus longtemps. Au total, la pratique du shamatha général comporte neuf étapes.

Dans le Dzogchen, même si nous n'avons pas atteint le niveau d'expérience le plus élevé pour le Shamatha général, il est nécessaire de nous entraîner à fixer et à calmer l'esprit. Lorsque la sagesse originelle est réalisée, tous les phénomènes sont vus comme ayant pour source l'océanique dimension primordiale en laquelle ils surgissent, demeurent et disparaissent. C'est la raison pour laquelle on l'appelle la quiétude.

Dans le Dzogchen, Vipashyana a la qualité lumineuse de la sagesse intérieure. Elle révèle la qualité lumineuse de la sagesse auto-connaissante. Les visions et les sons peuvent être clairs et nus lorsqu'ils se manifestent à travers une variété d'expériences. Quels sont les signes de la luminosité intérieure ? Un exemple de luminosité apparente est celui d'une personne en retraite dans l'obscurité qui atteint la capacité de lire, d'écrire et de voir des formes sans lumière normale. Nous pouvons reconnaître la luminosité intérieure grâce à la méthode de méditation sur l'esprit naturel. Shamatha et Vipashyana sont unifiés dans l'état naturel. Comment obtient-on ce type de réalisation et d'expérience ? Si nous atteignons la quiétude, la vacuité possède intrinsèquement des qualités de luminosité qui se manifestent spontanément dans l'expérience et la réalisation. Lorsque nous méditons sur l'esprit naturel, Shamatha et Vipashyana sont inclus et unis dans la pratique.

No. 52

Les étudiants qui sont de dignes
réceptacles du Dzogchen
adoptent une conduite
extrême sans qualifier
une telle conduite
de meilleure ou de pire.

Trois activités sur la voie du Dzogchen

Les activités du corps, de la parole et de l'esprit peuvent nous aider à avancer sur la voie du Dzogchen.

En tant que débutant, nous nous efforçons d'atteindre un état stable, non-distrait et non-méditatif. Au fur et à mesure que nous progressons, nous incluons ou mélangeons petit à petit des activités à la pratique, en développant l'expérience et en vérifiant le succès par le degré de non-perturbation de notre état naturel. Finalement, toutes les activités deviennent des amies de la pratique.

Dans une pratique corporelle initiale, nous commençons par une posture assise de base. Au fur et à mesure que nous progressons, nous pouvons inclure des mouvements des yeux, des bras ou des jambes. Puis nous vérifions notre état méditatif. Si nous sommes capables de maintenir notre stabilité, nous pouvons nous mettre debout, marcher, faire des circumambulations, nous prosterner, etc. Enfin, nous pouvons inclure des activités plus vigoureuses comme sauter et courir, c'est-à-dire toutes les activités physiques. Le maintien d'un état méditatif pendant ces mouvements génère le succès pour nous faire cheminer sur la voie du Dzogchen à travers le corps.

Dans la pratique initiale de la parole, nous restons silencieux. Avec plus d'expérience, nous pouvons incorporer des mantras et des prières. En vérifiant chaque étape, nous pouvons maintenir un état méditatif sans être dérangés lorsque nous parlons avec des gens, chantons ou rions. Nous pouvons même entamer un débat. Le maintien d'un état méditatif est une mesure du degré de succès sur la voie du Dzogchen à travers la parole.

Dans la pratique initiale de l'esprit avec la méditation, nous le calmons et nous nous reposons dans l'état naturel. Avec plus d'expérience, nous pouvons, par exemple, nous engager dans des activités positives telles que nous visualiser comme une déité ou un bouddha. Si l'esprit n'est pas perturbé, il est possible d'élargir la visualisation à d'autres aspects, comme toutes les qualités éclairées, le mandala, etc. En cas de succès, les activités ultérieures consisteront à analyser les phénomènes, les pensées et les émotions qui surviennent. Ces activités sont utilisées pour mesurer le degré de succès sur la voie du Dzogchen à travers l'esprit.

Les activités du corps, de la parole et de l'esprit sont utilisées pour apporter le succès et de nombreux bienfaits en nous libérant de l'attachement, de la souffrance, de la peur, de l'espoir, des obstacles, des difficultés et de la mort.

No. 53

Soyez attentif
à la façon dont
votre esprit saisit
les pensées discursives.
Si vous restez
dans la grande félicité,
l'esprit y reviendra
et se pacifiera
de lui-même.

Les remèdes à la discursivité naissante

Lorsque nous méditons, de nombreuses pensées surgissent pour nous distraire. Que pouvons-nous faire pour y remédier ? Nous pouvons incorporer ces trois méthodes dans notre pratique :

Exemple 1 : Un voleur voit une maison sans habitants et y entre pour dérober quelque chose mais il ne trouve rien à l'intérieur. Un autre jour, lorsqu'il revoit la maison, il sait déjà qu'elle est vide.

Signification : Au début, nous cherchons la source des pensées, qui est vide. Après avoir atteint la réalisation (libération dans l'état naturel), si des pensées surgissent, nous reconnaissons immédiatement l'état naturel.

Exemple 2 : Une personne dans un bateau a un oiseau. L'oiseau s'éloigne du bateau. Il revient plus tard sans que la personne ne l'attende.

Signification : Lorsque nous méditons, les pensées voyagent, mais nous n'attendons pas nécessairement qu'elles reviennent. Les pensées reviennent et lorsqu'elles reviennent, nous reconnaissons leur état. Il n'y a pas de séparation dans l'état naturel.

Exemple 3 : Les nuages se déplacent dans l'espace du ciel. Il n'y a pas d'autre source sans espace.

Signification : La vérité est que les pensées naissent, demeurent et disparaissent dans l'état naturel. C'est ce que nous appelons la pratique de l'auto-nettoyage ou auto-purification

No. 54

Dans un marais d'été,
les plantes poussent
comme elles le peuvent.
Dans la réalisation du sage,
les visions des expériences
exceptionnelles se
manifestent de toutes
les manières possibles.

Les expériences exceptionnelles et la réalisation

Les expériences exceptionnelles sont quelque chose d'incertain qui s'accompagne d'une grande variété de sensations et de pensées. Les trois principales catégories d'expériences exceptionnelles sont les expériences de félicité, de clarté et de non-pensée. Ces expériences se produisent dans toutes les méditations – Shamatha, Vipashyana, Mahamoudra et, bien sûr, dans la méditation Dzogchen. Ces expériences de méditation peuvent se produire dans toutes les traditions religieuses.

1) Pendant la méditation, des expériences de félicité peuvent être vécues aussi bien par le corps que par l'esprit. La sensation est celle

d'une grande douceur, d'allégresse, de béatitude, baignant dans un bonheur véritable. Lorsque l'esprit est détendu, totalement apaisé, et que l'on se sent libre dans sa pratique, la réalisation de l'union de la vacuité et de la clarté apparaît.

2) Les expériences de clarté se caractérisent par une sensation d'éveil, qui peut être celle d'apparences semblables au clair de lune, de lever du jour ou la sensation d'être assis dans une tente très lumineuse. Parfois, le corps semble très léger, comme une plume. On peut ressentir de la joie et du bonheur. Avec la clarté, on peut continuellement maintenir une méditation très stable, sans concepts.

3) Les expériences de non-pensée peuvent se produire pendant la méditation, lorsque l'on ne perd pas la stabilité de l'état naturel. Les concepts ne surgissent pas et on ne suit pas la pensée. Nous vivons une expérience de réalisation de notre esprit naturel, au-delà des mots, comme le rêve d'un muet. Il n'y a pas d'objet qui soit sujet à description.

Les enseignements disent que si nous atteignons certaines de ces expériences, nous ne pouvons toujours pas nous satisfaire de notre pratique et nous devons continuer à progresser. La réalisation signifie que la Conscience naturelle de la bouddhéité primordiale est réalisée pas à pas dans la pratique. Il existe de nombreux niveaux de développement pour la réalisation.

Cependant, dans le Dzogchen, les expériences exceptionnelles sont toujours clairement distinguées de la réalisation.

No. 55

Luminosité et vacuité
sont l'essence et
la nature du Dharmakaya.
Quand cela est réalisé,
toutes les activités
des bouddhas
en faveur des êtres animés se
manifestent automatiquement.

Essence, nature et compassion

Dans les enseignements Dzogchen, l'état naturel comporte trois qualités importantes : l'essence (Ngowo), la nature (Rangshin) et la compassion (Thougjé). La raison et la motivation pour développer cette pratique est d'atteindre l'état de bouddha et de s'engager dans des activités pour le bien de tous les êtres animés.

Selon la vue Dzogchen, il existe un fondement, la grande pureté primordiale fondamentale. Elle apparaît une fois que la nature de l'esprit a été reconnue. C'est un peu comme si nous contemplions l'océan. Il y a de nombreuses vagues qui vont et viennent à chaque instant, mais elles ne sont pas séparées de l'océan et l'océan est la base de toutes ces vagues. C'est la qualité de vacuité de l'esprit naturel. Nous l'appelons l'essence de l'état naturel.

La deuxième qualité est ce que nous appelons la luminosité ou la nature de clarté. C'est comme une bougie placée dans un vase. Demeurant très clairement sur le moment, elle est la source de la lumière environnante. C'est la grande luminosité, source et expression du pouvoir des trois grandes manifestations que sont les sons, couleurs et lumières. Il y a toujours des corps de lumière et des sagesses spontanément présents dans la qualité de la luminosité. Par exemple, pendant l'état intermédiaire après la mort, nous faisons l'expérience de l'apparition de cinq lumières et de cinq mondes différents.

La compassion est la troisième qualité de l'état naturel. Elle est l'unité de la vacuité et de la clarté et n'est entravée par aucune apparence dans l'état naturel. C'est de l'unité de l'essence de vacuité et de la luminosité naturelle que s'expriment les activités pour le bien de tous les êtres animés. Dans la grande compassion, qui est la qualité de cette unité, des émanations œuvrent au bénéfice de tous les êtres animés.

Lorsqu'un pratiquant atteint la plus haute réalisation, lorsque les cinq lumières se lèvent pendant l'état intermédiaire, il est capable de maintenir la condition naturelle. À ce moment-là, il peut réaliser l'illusion du corps, de la parole, de l'esprit, de l'objet perçu et de tout ce qui apparaît. Cinq lumières différentes, cinq terres pures différentes, cinq déités différentes et leurs mandalas peuvent tous lui apparaître.

Lorsque nous réalisons l'état naturel, nous pouvons entreprendre de nombreuses activités au profit de tous les êtres animés grâce à la qualité de la compassion.

No. 56

Les phénomènes
ne se terminent pas
ou ne s'arrêtent pas.
Ils remontent finalement
à la source
et sont libérés.

Les deux vérités inséparables dans le Dzogchen

Le Bouddha a enseigné 84 000 méthodes dont 360 catégories d'enseignements pour comprendre la nature de l'esprit. Les deux vérités, relative et ultime, sont à la base de ces enseignements. La cause de l'ignorance et de l'illusion de la plupart des êtres animés est liée aux conceptions erronées de leur esprit. Il est donc très difficile de comprendre les deux vérités inséparables. Elles sont cachées dans la réalisation.

Les gens ordinaires croient tout ce qu'ils voient ou pensent et ils renforcent cette opinion par des pensées et des idées supplémentaires. Selon ce point de vue ordinaire, cela leur semble vrai. Mais en fait, ce ne l'est pas ; c'est comme une illusion. Si un magicien présente des illusions au public, comme des éléphants et des chevaux, certains membres du public peuvent penser qu'ils sont réels. De même, pour les gens ordinaires, les apparences existent en tant qu'objets – bons, mauvais, amis, ennemis, beaux, laids, positifs, négatifs, etc. Cela signifie que les apparences ordinaires sont en réalité fausses.

L'autre vérité est appelée vérité ultime. Lorsqu'il fait son spectacle, le magicien sait déjà que l'illusion n'est pas vraie. De la même manière, on réalise que toutes les apparences phénoménales sont imprégnées de la vérité ultime. Ceux qui atteignent l'expérience supérieure de la vue du Dzogchen voient que les phénomènes sont manifestés par la nature de l'esprit. Ils réalisent ainsi qu'il n'existe pas vraiment de qualités positives ou négatives dans les objets et que tous les phénomènes sont inclus dans la sphère unique de la vérité ultime. Personne ne peut être séparé de la vérité ultime.

Les enseignements disent qu'il s'agit de l'indissociabilité des deux vérités. On peut éliminer les extrêmes de l'éternalisme et du nihilisme grâce à cette vue. Selon le Dzogchen, il n'y a qu'une seule vérité car il s'agit d'une sphère unique.

No. 57

Certains chanceux,
qui possèdent
une profonde certitude,
Brisent les trois sceaux
et parachèvent ensuite la triple
dynamique [de la Base].

La manifestation des apparences de la Base

La Base fondamentale n'est jamais souillée. Elle n'est pas perturbée par les phénomènes. Par exemple, les nuages naissent et se dissolvent dans le ciel sans que celui-ci n'en soit affecté. Il existe deux types d'apparence de la Base : pure et impure.

Pour le pratiquant expérimenté, au tout début, une sagesse coémergente apparaît en même temps que les trois manifestations subtiles. Ceux qui ont déjà réalisé et expérimenté que tout ce qui leur apparaît comme objet, forme, son et couleur n'existe pas réellement et n'est qu'illusion, qui demeurent continuellement dans un état d'éveil primordial, peuvent émaner les Corps, Verbe et Esprit de nombreux bouddhas différents pour le bien des êtres animés.

Pour les personnes ordinaires, lorsque les premières apparitions des trois manifestations subtiles simultanées se produisent, l'esprit subtil analyse les formes, sons et couleurs subtils phénoménaux ; c'est ce que l'on appelle l'ignorance coémergente. Pourquoi l'ignorance ? Par exemple, lorsque nous nous regardons dans un miroir et qu'il reflète notre visage, ce qui est perçu n'est pas un vrai visage. Ainsi, l'ignorance confond et identifie l'objet comme étant à l'opposé de la condition réelle. Immédiatement après, l'esprit grossier surgit et saisit l'objet ; c'est ce qu'on appelle l'ignorance imputative. Cette ignorance provient de l'ignorance coémergente et renforce la saisie de l'esprit ou son maintien dans des croyances extrêmes et des états de perception erronée.

Ceux qui n'ont pas compris et ne sont pas conscients de la véritable condition des manifestations de la Base auront toujours des problèmes, même au moment important de l'état intermédiaire. La bouddhéité primordiale apparaîtra, mais elle ne sera pas reconnue.

Sans expérience, le résultat est de tourner en rond dans les trois mondes et ses six classes d'êtres, et il y aura beaucoup de souffrance dans la vie future. La réalisation dépend donc de l'expérience des manifestations de la Base, la condition véritable.

No. 58

Les défauts des autres
Véhicules sont pacifiés
sans être rejetés.
Les bonnes qualités
des autres Véhicules sont inclus sans
effort et spontanément
dans le Dzogchen.

La nature ultime n'est révélée que par le Dzogchen

Dans la tradition tibétaine, les enseignements sont généralement dispensés selon deux systèmes différents, celui des neuf Véhicules ou celui des trois Véhicules. Dans l'un et l'autre système, le Dzogchen est le Véhicule du parachèvement.

Par exemple, des aveugles entourent et touchent un éléphant pour le décrire. L'un d'eux décrit l'éléphant comme étant grand ; un autre touche sa queue et dit qu'il est comme un serpent ; un autre encore touche ses oreilles et dit qu'il ressemble à des feuilles et un dernier touche une défense et dit qu'il ressemble à une corne. Chaque personne décrit une partie du corps de l'éléphant, mais aucune ne trouve la vision correcte ou complète de l'éléphant.

Dans le système des Véhicules, les Véhicules inférieurs sont ainsi : seule une partie de la véritable condition est comprise. Mais dans le neuvième ou dernier Véhicule du Dzogchen, la vue complète est révélée, englobant toutes les qualités des Véhicules inférieurs.

No. 59

Le son se manifeste
comme un son autogène,
la lumière est comme
la lumière du soleil
ou un arc-en-ciel,
et les rayons sont comme
un filet de lumière solaire.
Ce sont les qualités
de l'état naturel primordial.

La méthode énergique pour reconnaître la luminosité

Notre état naturel a deux qualités : la vacuité et la luminosité. Il n'est pas nécessaire d'en dire plus. La vacuité est l'espace fondamental. La luminosité a trois qualités d'apparence : couleurs, sons et rayons. La source n'existe qu'à l'intérieur ; il n'y a rien qui existe de l'extérieur.

La qualité importante que nous devons reconnaître et en laquelle nous devons croire est la luminosité provenant de la sagesse intérieure. Pour cela, il existe une méthode très importante et puissante pour reconnaître la luminosité de l'intérieur.

Asseyons-nous confortablement sur le coussin ou la chaise et respirons. Bouchons nos oreilles avec nos pouces, bouchons nos narines avec nos auriculaires et bouchons nos yeux avec nos autres doigts. Retenons notre respiration un instant et détendons-nous dans l'état naturel. Trois manifestations peuvent apparaître simultanément. Lorsque nous les voyons apparaître, rappelons-nous qu'elles ne sont que des manifestations de l'espace fondamental. C'est comme le soleil et la lumière du soleil ou l'océan et les vagues. Les enseignements disent que lorsque nous avons l'expérience de cette pratique, nous pouvons la développer. Par conséquent, nous pouvons reconnaître la qualité de la luminosité, même pendant l'état intermédiaire après la mort.

No. 60

Voici l'essence même
de l'enseignement ultime :
si quelqu'un en a peur,
c'est qu'il a été induit
en erreur dans l'esprit
étroit du Véhicule inférieur.

La souillure du doute

Il existe de nombreux obstacles à l'accomplissement complet de la pratique. L'un d'entre eux est le doute. C'est un piège qui peut être un très grand obstacle à la reconnaissance de l'esprit naturel dans la voie du Dzogchen. Comment nuit-il à notre pratique ? Normalement, le doute naît des causes suivantes :

1) Nous pensons que nous sommes des êtres animés ordinaires, que nous n'avons pas la qualité de l'éveil et que nous aurons toujours une vie difficile.

2) Pendant la méditation, lorsque nous restons dans l'état naturel sans nous concentrer sur un objet ou une visualisation particulière, nous ne nous sentons pas satisfaits.

3) Nous pensons que nous devons nous engager dans des activités positives en utilisant notre esprit ordinaire, même si l'enseignement dit que la vérité ultime est inconcevable.

4) Nous nions qu'il n'y a pas de séparation entre les causes et les effets. La libération ne peut pas venir de Dieu ou d'un bouddha, mais uniquement à travers notre propre qualité primordialement pure.

5) Nous ne parvenons pas à accomplir directement la pureté primordiale de la Conscience éveillée, alors que toutes les méthodes s'intègrent dans cette pratique unique.

Les enseignements disent que les pensées sont trop habituées aux perceptions d'un soi, ce qui nous empêche de reconnaître l'esprit naturel. Les enseignements nous présentent donc les qualités de l'esprit naturel, mais le doute peut être un puissant obstacle à sa réalisation.

No. 61

Vous voyez
les apparences
comme votre propre visage.
Comme si vous
voyiez votre visage
reflété dans un miroir.

Les phénomènes sont d'excellents enseignants

Quoi que nous voyions ou pensions, nous nous accrochons fortement à l'objet. Puis, ces objets changent et disparaissent immédiatement parce qu'ils n'ont pas de fondement indépendant. Tous les objets dépendent d'autres objets. Ils semblent être indépendants lorsque nous ne vérifions pas leur origine. Lorsque nous étudions vraiment l'origine des phénomènes, elle n'est pas stable.

Par exemple, certains pratiquants vivent sous un arbre ; les feuilles de l'arbre poussent, tombent et changent avec les saisons. Certains pratiquants vivent dans une maison sans toit ; ils peuvent voir les étoiles se déplacer dans le ciel durant la nuit. Certains pratiquants vivent près d'un cimetière ; ils peuvent voir des cadavres – nouveaux, jeunes, vieux, pourris, secs ou sectionnés en plusieurs parties. Ce sont des exemples de découverte de l'esprit naturel à travers le changement des phénomènes.

Regardons une voiture ; elle est composée de nombreuses pièces. Si nous séparons ces différentes parties les unes des autres, nous ne pouvons pas trouver la voiture. Il en va de même pour les êtres humains. Nous apparaissons comme un « je » indépendant, mais lorsque nous nous examinons nous-mêmes, lorsque nous observons notre véritable condition, nous ne trouvons jamais le « je » ou le « vous ».

Les phénomènes montrent toujours la véritable condition d'un objet, mais l'esprit ordinaire ne le reconnaît pas. Les pratiquants, cependant, ont une meilleure chance de réaliser leur vraie nature. L'un des moyens de découvrir d'où viennent les apparences est de trouver où elles se dissolvent. Si nous réalisons ce que cela signifie, les phénomènes nous ont alors enseigné la vérité ultime. Ainsi, lorsque nous avons des expériences plus élevées, toutes les apparences deviennent des amies de notre pratique. Selon les pratiquants accomplis, les phénomènes sont déjà devenus d'excellents enseignants.

Remerciements

Je tiens à exprimer ma gratitude à tous ceux qui ont relu, édité ce livre et contribué à sa réalisation. En particulier, je voudrais exprimer ma sincère gratitude à Jean-François Buliard et à tous mes étudiants du Dharma.

J'aimerais également exprimer ma gratitude aux membres du conseil d'administration du Kunsang Gar et au Sangha pour leur soutien constant et leur participation à de nombreuses et importantes activités du Dharma, qui ont permis à ce livre de voir le jour.

À propos de l'auteur

Geshe Dangsong Namgyal est enseignant, auteur, poète et maître de méditation. Né au Tibet, il est entré très jeune au monastère, où il a commencé à étudier les fondements du Bouddhisme et le Dzogchen du Bön. En 1991, il a quitté le Tibet pour recevoir des enseignements plus avancés au Népal et en Inde.

Pendant de nombreuses années, il a étudié la logique, la psychologie bouddhiste, la Prajnaparamita et le Madhyamaka dans la tradition de Nalanda au monastère de Sera Je. Dans les monastères Bön de Menri et de Triten Norbutse, il a focalisé ses études sur les soutras, les tantras et le Dzogchen. Après 25 ans d'études et de méditation, il a obtenu son diplôme de Geshe, l'équivalent d'un doctorat en Occident.

Il enseigne dans la tradition du Yungdrung Bön et dans d'autres traditions bouddhistes. Il est un enseignant Rimé qualifié, ce qui signifie « non-sectaire » en tibétain.

Sa formation spirituelle a développé chez lui une connaissance extraordinairement approfondie qui lui permet de transmettre clairement les enseignements essentiels et leur signification. Il est l'auteur de neuf livres en tibétain sur la culture, l'histoire et la religion tibétaines et a donné de nombreuses conférences en Asie, en Europe et aux États-Unis. Il est venu en Californie en 2013 pour enseigner aux étudiants occidentaux. Il a fondé le centre Kunsang Gar, dont il est actuellement le directeur spirituel et l'enseignant.

www.ingramcontent.com/pod-product-compliance
Lightning Source LLC
Chambersburg PA
CBHW070430010526
44118CB00014B/1978